Andrea Sokol

Easy BASEN FASTEN

Andrea Sokol

Easy BASEN FASTEN

Wie Sie die Selbstheilungskräfte Ihres Körpers aktivieren

Von der erfolgreichen Youtuberin OH LALA & SO LALA

riva

Bibliografische Information der Deutschen Nationalbibliothek
Die Deutsche Nationalbibliothek verzeichnet diese Publikation in der Deutschen Nationalbibliografie. Detaillierte bibliografische Daten sind im Internet über http://dnb.d-nb.de abrufbar.

Für Fragen und Anregungen
info@rivaverlag.de

Wichtiger Hinweis
Ausschließlich zum Zweck der besseren Lesbarkeit wurde auf eine genderspezifische Schreibweise sowie eine Mehrfachbezeichnung verzichtet. Alle personenbezogenen Bezeichnungen sind somit geschlechtsneutral zu verstehen.

Originalausgabe
1. Auflage 2023

Türkenstraße 89
80799 München
Tel.: 089 651285-0
Fax: 089 652096

Redaktion: Sarah Holzwarth
Umschlaggestaltung: Sonja Vallant
Umschlagabbildung: Cover Martin Nink, Rückseite Stephanie Just
Satz: inpunkt[w]o, Haiger (www.inpunktwo.de)
Druck: Firmengruppe APPL, aprinta Druck, Wemding
Printed in Germany

ISBN Print 978-3-7423-2260-9
ISBN E-Book (PDF) 978-3-7453-2052-7
ISBN E-Book (EPUB, Mobi) 978-3-7453-2053-4

Wir produzieren nachhaltig
www.m-vg.de

Bildnachweis:

Stephanie Just:
S. 5-7, 40, 45, 46, 49, 50, 53, 54, 57, 58, 61, 62, 65, 66, 69, 70, 74, 77, 78, 81, 82, 85, 86, 93, 94, 97, 98, 101, 102, 105, 107, 108, 111, 112, 115, 116, 119, 120, 123, 124, 127, 128
Martin Nink:
S. 11-13, 15, 22, 29, 32, 34, 37, 43, 71, 76, 79, 88, 132, 133, 135-137, 142-144, 146-151, 153-156
Shutterstock.com:
Ilaria13: S. 131

INHALT

Smoothie-Fasten

Suppen- oder Saft-Fasten

Basenfasten

Fermentieren

Bewegung und Organgymnastik

LIEBE LESER*INNEN,

ich möchte gar nicht lange um den heißen Brei herumreden: In diesem Buch gehen wir ans Eingemachte! Wir unterhalten uns über ein Dauerbrenner-Thema, nämlich das Fasten. Der Begriff des Fastens ist allgegenwärtig. Seien es die Neujahrsvorsätze, die alljährlichen Maßnahmen zum Erreichen der Bikinifigur oder der mehr oder weniger erfolgreiche Verzicht während der Fastenzeit.

Aber haben Sie sich wirklich schon mal Gedanken darüber gemacht, was eigentlich dahintersteckt, also hinter dem Fasten? Schon klar, es hat etwas mit Verzicht zu tun, weniger essen, gesund essen, viel trinken und so weiter. Aber wie genau funktioniert das denn nun? Kann ich überhaupt fasten, trotz meiner Arbeit mit den alltäglichen Verpflichtungen? Was muss ich alles dafür wissen? Und wie führt man eine anständige Fastenkur durch? Wenn man genauer hinschaut, sind da in der Regel Fragen über Fragen.

Hier komme ich ins Spiel. Ich gebe Ihnen in diesem Buch alles preis, was ich über das Fasten weiß. Und seien Sie sicher, das ist eine ganze Menge. Ich stelle Ihnen ein paar gängige Fastenkuren vor. Aber ich will ehrlich zu Ihnen sein, einige dieser Varianten finde ich persönlich nicht empfehlenswert, weil sie mehr versprechen als sie halten, nicht mehr zeitgemäß oder tatsächlich einfach nicht gut für unseren Körper sind. Daher wird der Schwerpunkt dieses Buches klar auf meinen Fasten-Favoriten liegen. Und zu diesen erhalten Sie genaue Informationen, Anleitungen und Rezepte.

Beim Fasten geht es darum, unseren Körper auf allen Ebenen zu entlasten. Denn einmal gut gereinigt und generalüberholt, lebt es sich leichter und befreiter, und das fühlt sich nicht nur für unseren Körper, sondern auch für unsere Psyche gut an. Lassen Sie uns gemeinsam Ballast abwerfen!

Ihre Andrea Sokol

FASTEN: VIEL MEHR ALS NUR »NICHT ESSEN«

Fasten ist ein absoluter Trend. Die Buchhandlungen sind übersät mit entsprechender Fachliteratur. Am Kiosk finden sich Dutzende Hochglanzmagazine, dessen Titelseiten die aktuellsten und trendigsten Fastenkuren präsentieren. In der Werbung posieren schlanke und strahlende Models, um uns die besten Nahrungsergänzungsmittel anzupreisen, mit denen diverse Fastenkuren zum durchschlagenden Erfolg führen sollen. Bei all dem Hype könnte man meinen, dass Fasten eine Neuentdeckung der aktuellen Wissenschaft ist. Dem ist aber nicht so: Die besagte Kur erlebt lediglich ein Comeback. Die Urväter dieser besonderen Form der Diät existierten bereits in weiter Vergangenheit. Die Wurzeln des Heilfastens reichen bis in die Antike zurück.

Bereits der griechische Arzt Hippokrates, der vier Jahrhunderte vor Christus praktizierte, empfahl das Weglassen von Nahrung, um »den inneren Arzt wirken zu lassen«. Seine Philosophie des Heilfastens bestand darin, dass unsere körpereigenen Heil- und Reparaturmechanismen durch Verzicht oder starke Reduktion der Nahrungsaufnahme aktiviert werden sollen. Er sah das Heilfasten sogar als Therapieform an, die den kranken Körper heilen sollte. Der griechische Arzt war überzeugt, dass der Körper selbst in der Lage sei, Krankheiten zu bekämpfen. Zahlreiche körpereigene Säfte, die in der Lage sind, die Ursache einer Krankheit auszuschwemmen und Neuerkrankungen vorzubeugen, können produziert werden. Diese heilsamen körpereigenen Säfte kann der Körper aber nur bilden, wenn von außen keine neuen Schadstoffe zugeführt werden. Da wir unserem Körper die meisten Schadstoffe über die Nahrung zuführen, ist es naheliegend, auf Nahrung zu verzichten, um die Selbstheilung im maximalen Umfang in Gang zu setzen.

Doch gefastet wird natürlich auch aus anderen Gründen und in den verschiedensten Kulturen. Es hat eine lange Tradition und eine längere Geschichte als jede Modebewegung. Der Ursprung liegt in der Religion. Gerade im asiatischen Raum ist Fasten schon seit Jahrtausenden fester Bestandteil des Buddhismus, Hinduismus und Jainismus.

Im Judentum und Islam hat das Fasten ebenfalls seinen festen Platz. Die Ziele der Fastenprozedur liegen hier in der geistigen Reinigung. Viele Kulturen nutzten die dadurch erlangte Kraft und Stabilität für das Streben nach Visionen für ihren weiteren Lebensweg. Es gibt drei verschiedene Dimensionen des Fastens: die spirituelle/religiöse, die psychosoziale und die medizinisch-körperliche Dimension. Zudem fließen Politik und Diätetik mit ein.

Früher wurde das Fasten in Kirchen und Klöstern praktiziert. Am Ende des 19. Jahrhunderts nahm dies jedoch ab, und es entwickelten sich immer mehr Schulen, in denen das Fasten zur Prävention und Therapie praktiziert und gelehrt wurde. Durch Erwin Hof, einen Lehrmeister des Fastens, wird es seit Anfang des 20. Jahrhunderts als »Operation ohne Messer« bezeichnet.

Seit jeher möchte man durch freiwilligen Verzicht den Körper reinigen, das Immunsystem stärken, die Psyche festigen und ein besseres Verständnis und Gefühl für seinen Körper und das Wesentliche erlangen. Die diätetische Askese wird auch zur Buße der gegen den eigenen Körper begangenen hygienischen Sünden vollzogen. So gesehen, sind wir alle kleinere oder größere »Sünder*innen« und tun gut daran, unseren Körper von Zeit zu Zeit von Chips, Wein, Zucker, Fett und sonstigem Konsum, der ihn belastet, zu befreien. Es gibt die Zeit der Völlerei und die des Fastens. Modern formuliert würde ich das Fasten mit einem Frühjahrsputz im Haus oder einer Generalinspektion beim Auto vergleichen.

WARUM IST FASTEN SO GUT FÜR UNS?

Die medizinische Bedeutung des Fastens wird immer klarer und die Erkenntnisse in der Fastenforschung werden umfangreicher. Der freiwillige Verzicht auf Nahrung über einen gewissen Zeitraum, sei es über Tage oder auch »nur« über ein paar Stunden pro Tag, hat eine enorm positive Wirkung auf unseren Körper. Voraussetzung dafür ist aber die richtige Durchführung, begonnen mit der richtigen Einleitung bis zur Vollendung mit dem sogenannten »Fastenbrechen«. Beachten Sie hierbei einige wichtige Grundlagen, die ich Ihnen im Weiteren noch ausführlich erklären werde, so kann es zu wunderbaren Ergebnissen kommen.

DIE POSITIVEN EFFEKTE DES FASTENS

- Förderung der Neubildung von Hirnzellen bis hin zur Vorbeugung von Demenz
- Regenerierung und Verjüngung des äußeren Erscheinungsbildes
- Senkung von Bluthochdruck
- Senkung von zu hohem Cholesterinspiegel
- Gewichtabnahme
- Linderung chronischer Krankheiten wie Gicht, Rheuma, Arthritis und Herzerkrankungen
- Entlastung unseres Magens durch Verkleinerung des Umfangs und dadurch bedingte Entlastung und Regeneration der Magenschleimhaut
- Schaffung eines gesunden Darmmilieus durch Ansiedlung gesunder Darmbakterien
- Entlastung unserer Leber
- Vorbeugung einer Fettleber und der Bildung gefährlichen Viszeralfettes (inneres Bauchfett)
- Entlastung der Bauchspeicheldrüse und damit Vorbeugung der Entstehung von Diabetes Mellitus Typ 2 bzw. Stabilisierung der Symptome, wenn man bereits erkrankt ist
- Stimmungsaufhellung
- Regeneration unseres Geistes und Vorbeugung von Stimmungsschwankungen

Grundlagen DES FASTENS

FASTEN: DAS »ALL-INCLUSIVE«-FERIENTICKET FÜR UNSERE ORGANE

Fasten ist ein aktuelles Thema und in aller Munde. Und das zu Recht, wenn man an die vielen Vorteile denkt, die eine solche Kur mit sich bringt.

Ich habe Ihnen vom antiken Arzt Hippokrates erzählt und welche Bedeutung er dem Fasten zugeschrieben hat. Es soll unsere Selbstheilungskräfte aktivieren, akut vorliegende Krankheiten lindern bzw. sogar kurieren und der Entstehung neuer Krankheiten vorbeugen. Und tatsächlich ist genau dies der eigentliche Sinn einer solchen Kur, die Aktivierung unserer Selbstheilungskräfte. In den Medien wird unglücklicherweise ausschließlich des Gewichtsverlustes wegen für eine Fastenkur geworben. Dabei ist dies lediglich ein positiver Nebeneffekt.

LEBER, NIERE, DARM UND CO. – UND DIE SACHE MIT DEM MÜLL

Was geschieht also nun, wenn wir unseren Körper einem freiwilligen Nahrungsverzicht unterziehen? Nun ja, tatsächlich schicken wir unsere Organe in den Urlaub. Die brauchen nämlich dringend Erholung, da sie echte Workaholics sind. Sie sind 24 Stunden am Tag damit beschäftigt, uns am Leben zu halten und das lebenslänglich. Eine enorme Leistung, finden Sie nicht? Beim Fasten schenken wir vor allem unseren Ausscheidungsorganen große Aufmerksamkeit.

Die arbeiten unglücklicherweise oft im Schatten der Superstars Herz und Gehirn. Doch damit diese optimal funktionieren können, muss ihnen jemand den Rücken freihalten. Und das tun unsere Lungen, unsere Leber, unsere Nieren, unser Darm und unsere Haut. Diese sind hauptsächlich mit unserem Stoffwechsel beschäftigt. Das heißt, sie wandeln alle unserem Körper zugeführten Stoffe in Zwischen- und Endprodukte um, die der Körper wiederum zur Aufrechterhaltung seiner Vitalfunktionen benötigt.

Dabei entstehen viele Abfallprodukte, die an sich erst mal unproblematisch scheinen. Vergleichbar mit einem Mülleimer, in dem man viel Müll sammeln kann, ihn trotzdem aber regelmäßig ausleeren muss, damit er nicht stinkt und fault, ist auch der Darm. Wenn wir unsere Ausscheidungsorgane nicht hätten, würden sich die beim Stoffwechsel anfallenden Abfallprodukte im Körper ebenfalls ansammeln, vor sich hin faulen und schlimme Krankheiten verursachen.

ÜBERSTUNDEN FÜR DIE ORGANE

Nun wäre diese »Müllentsorgung« keine wirkliche Herausforderung für unsere Organkraftpakete, wenn es da nicht ein Problem gäbe. Würden wir pfleglich mit unserem Körper umgehen, könnten Leber, Nieren und Co. problemlos ihre Arbeit verrichten. Aber leider tun wir dies nur in den seltensten Fällen. Es muss nämlich nicht nur der Müll aus den gängigen Stoffwechselvorgängen verarbeitet und ausgeschieden werden, sondern auch der ganze Müll, den wir »unrecycelt« direkt in uns hineinschütten: Alkohol, Nikotin, Zucker, minderwertige Fette oder künstliche Stoffe aus industriell verarbeiteten Lebensmitteln. Diese Stoffe erschweren unseren Organen das Leben und sorgen für jede Menge Überstunden. Und trotzdem werden sie nicht Herr der Lage. Viel Müll bleibt liegen, kann nicht ausgeschieden werden und lagert sich in Form von Schlacken, Gries, Schleim, Fett rund um Leber und andere Bauchorgane sowie als Kalk in Gefäßen etc. ab. Das sind die Hauptursachen lebensbedrohlicher Zivilisationskrankheiten wie Diabetes Mellitus Typ 2, Bluthochdruck, Herzinfarkten, Schlaganfällen, chronischen Darmerkrankungen und Depressionen.

Unsere Organe sind also chronisch überlastet, man könnte sogar von einem Burn-out sprechen. Es liegt also auf der Hand, dass hier dringend Abhilfe geschaffen werden muss. Urlaub für die Organe muss her! Und da gibt es nichts Besseres als eine Fastenkur.

DER DARM – EIN WAHRES WUNDERORGAN

DAS MIKROBIOM

Weil das Thema Darmgesundheit nach wie vor in aller Munde ist, möchte ich hierzu einen kurzen Abstecher machen. Wissenschaftlich konnte nachgewiesen werden, dass ein gesunder Darm und eine gesunde Darmflora ganz wesentlich sind, um das Risiko, an bestimmten Krankheiten zu erkranken, zu minimieren. Das betrifft sowohl physische als auch psychische Erkrankungen. Mittlerweile werden sogar Depressionen stark mit unserem Darm in Verbindung gebracht. Hatten Sie schon einmal richtig schlimmen Liebeskummer und konnten vor lauter Traurigkeit nichts mehr essen oder genau das Gegenteil, Sie wollten nur noch essen? Oder waren sie schon mal so aufgeregt, zum Beispiel vor einer Prüfung oder einem Auftritt, dass Sie das Gefühl hatten, permanent aufs Klo zu müssen oder dass Ihnen einfach nur schlecht war? Wahrscheinlich schon, oder?

Es ist wissenschaftlich bewiesen, dass Emotionen auf unseren Magen-Darm-Trakt schlagen. Dieser ist von einem komplexen Nervengeflecht durchzogen, welches direkt mit dem Gehirn verbunden ist, wo unsere Gefühle und Emotionen entstehen. Dieses sogenannte enterische Nervensystem hat direkten Einfluss auf unsere Darmbeweglichkeit, die Produktion von verdauungsförderlichen Sekreten, die Aufnahme von Nährstoffen in unser Blut und unsere Immunabwehr. Geht es uns also psychisch nicht gut, weil wir zum Beispiel Angst haben, besorgt oder traurig sind, so kann das unmittelbaren Einfluss auf unsere Darmfunktion haben. Das funktioniert aber auch in entgegengesetzte Richtung. Ist unser Mikrobiom aus dem Takt geraten, weil die »bösen« Darmbakterien überhand genommen haben, so wird dies über das enterische Nervengeflecht an das Gehirn weitergeleitet, was vereinfacht gesagt, dazu führt, dass unsere Psyche und unsere Emotionen ebenfalls aus dem Takt geraten. Wir fühlen uns müde, träge, abgeschlagen, lustlos oder haben Stimmungsschwankungen.

Woran das liegt? Unser Körper besteht aus Milliarden verschiedenster Zellen. Heute weiß man, dass in unserem Körper zehnmal so viele Mikroorganismen leben. Darunter viele Bakterien der unterschiedlichsten Art, den sogenannten Stämmen. Sie haben richtig gelesen, Bakterien. Nun eilt diesen kleinen Kerlchen unglücklicherweise ihr Ruf voraus, bringen wir sie doch häufig mit der Entstehung fieser Krankheiten in Verbindung. Sagen wir mal so, das ist die halbe Wahrheit, denn Bakterien befinden sich überall in unserem Körper, die meisten aber auf den verschiedenen Schleimhäuten und vor allem im Darm.

Der Mikrobiologe Joshua Lederberg hat der Gesamtheit dieser Bakterien in unserem Körper den Namen Mikrobiom gegeben. Denn er fand heraus, dass eben dieses Mikrobiom, also die Gesamtheit der im Körper befindlichen Bakterien, wesentliche Funktionen erfüllt, die in den komplexen Stoffwechselprozessen unseres Körpers eine wichtige Rolle spielen. Da sich die Mehrzahl dieser Bakterien im Darm befindet, ist deren Einfluss auf die Stoffwechselprozesse im Verdauungsapparat besonders groß. Sie sorgen dafür, dass die Verwertung unserer Nahrung optimal funktionieren kann. Voraussetzung dafür ist allerdings, dass sich die richtigen Bakterien im Darm befinden. Ist dies nicht der Fall, kippt das Gleichgewicht und die komplette Darmfunktion gerät aus dem Takt. Dies hat starke Auswirkungen. Es kommt zu massiven Verdauungsbeschwerden bis hin zu Darmerkrankungen, Übergewicht, Mangelerscheinungen, Schmerzen und Koliken. Um unseren Körper also gesund zu halten, ist es wichtig, stets dafür zu sorgen, dass sich mehr »gute« als »böse« Bakterien in unserem Körper ansiedeln.

PRÄ- UND PROBIOTIKA

Wie schaffen wir es, dass sich in unserem Körper mehr »gute« als »böse« Bakterien ansiedeln? »Schlechte« Bakterien schaffen es vor allem dann, die Macht im Darm zu übernehmen, wenn wir die falsche Nahrung zu uns nehmen. Sie lieben nährstoffarme, einseitige, zuckerreiche und stark industriell verarbeitete Kost. Also alles das, was wir doch so gern mögen. Nährstoffreiche, ballaststoffreiche, abwechslungsreiche und vitalstoffreiche Nahrung finden sie hingegen weniger ansprechend. Wenn wir also wie zum Beispiel bei einer Fastenkur, recht basenreich essen, dann machen wir das Feld frei für die richtig »guten« kleinen Freunde. Doch eine gesunde Ernährung allein reicht nicht. Haben wir uns lange Zeit recht ungesund ernährt und stellen unsere Ernährung jetzt auf eine deutlich gesündere um, so ist es ratsam, erst einmal Platz zu machen für die gesunden Darmbakterien, die wir züchten wollen. Dafür müssen die alten aber erst mal weg. Das geht am einfachsten durch sanftes Abführen und sanfte Einläufe. Damit werden alte Ablagerungen und Schlacken sowie die darin befindlichen »bösen« Bakterien ausgeleitet.

Die Ansiedelung gesunder Bakterien fördern Sie, indem Sie probiotische Nahrungsmittel zu sich nehmen. Probiotika werden in den letzten Jahren häufig genannt, wenn es um gesunde Ernährung geht. Doch was genau sind Probiotika? Sie zählen zum *Functional Food*, sind also funktional, da sie lebende Mikroorganismen enthalten, die einen Nutzen für unseren Körper haben. Zu den darmgesunden Probiotika zählen Lebensmittel, die vor allem bestimmte Stämme von Milchsäurebakterien enthalten, die die Darmflora positiv beeinflussen. Es gibt viele Lebensmittel, die die »guten« Bakterien zu Millionen besitzen. Dazu zählen unter anderem Joghurt, Kefir, Molke, Sauerkraut, Miso, Apfelessig und fermentiertes Gemüse wie zum Beispiel Kimchi. Da es in diesem Buch vor allem um das Basenfasten geht, wollen wir Milchprodukte an dieser Stelle jedoch außen vor lassen. Ein Hauptaugenwerk wollen wir aber auf fermentiertes, also milchsauer vergorenes Gemüse richten. Passende Rezepte, mit denen Sie Ihrem Körper auf gesunde Weise mit »guten« Bakterien versorgen können, finden Sie ab Seite 138.

Auf dem Markt gibt es zudem jede Menge Nahrungsergänzungsmittel, die die verschiedensten Stämme an Bakterienkulturen enthalten. Ich möchte aber dringend davon abraten, solche Präparate blind einzunehmen. Konsultieren Sie diesbezüglich unbedingt einen Arzt/eine Ärztin Ihres Vertrauens und lassen sich beraten. Wenn wir nun durch den Konsum sauer vergorener Nahrungsmittel viele gute Bakterien in unseren Darm gebracht haben, dann möchten wir natürlich, dass diese sich auch ordentlich vermehren. Das schaffen wir durch den Verzehr sogenannter Präbiotika.

Was ist das nun wieder? Ganz vereinfacht kann man sagen, dass als Präbiotika alle Nahrungsmittel bezeichnet werden, von denen sich die »guten« Darmbakterien ernähren, um zu überleben und sich zu vermehren. Die »guten« Darmbakterien lieben zum Beispiel Ballaststoffe. Unter Ballaststoffen wiederum verstehen wir die meist unverdaulichen Bestandteile komplexer Kohlenhydrate, die sogenannten Faserstoffe, welche sich vor allem in Obst und Gemüse befinden. Hier schließt sich der Kreis, sind Obst und Gemüse doch die Hauptpfeiler einer gesunden, basischen Ernährungsweise. Nun verstehen Sie, warum Basenfasten also auch für unseren Darm eine absolute Wohltat ist. Sie ist damit sowohl für unsere gesamtorganische Gesundheit als auch für unsere Psyche sehr wichtig.

DARMREINIGUNG

Von oben

Bevor wir mit einer basischen und damit stark präbiotischen Ernährung viele »gute« Darmbakterien in unserem Verdauungstrakt ansiedeln können, sollten wir erst einmal Platz machen, indem wir die »bösen« ausscheiden – und zwar durch sanftes Ausleiten.

Dafür eignet sich, gerade zu Beginn einer jeden Fastenkur, ein Ausleitungstag, den wir durch die Einnahme von Glaubersalz oder Bittersalz beginnen.

Der Ausleitungstag

Der Ausleitungstag sollte nach den ersten ein oder zwei Einleitungstagen erfolgen, an denen wir uns überwiegend von leichter, basischer Kost wie beispielsweise der Entlastungssuppe ernähren. Unser Darm wird so schonend an eine Kostumstellung gewöhnt, und das Abführen fällt leichter, weil keine schwere Kost ausgeschieden werden muss. Nachdem wir also idealerweise am Vorabend eine Entlastungssuppe zu uns genommen haben, können wir den nächsten Tag mit dem Verzehr von Glauber- oder Bittersalz beginnen. Beides ist zum Abführen gleichermaßen geeignet, weil beide dieselbe Wirkung haben. Chemisch gesehen, unterscheiden sich die beiden vor allem durch ihre mineralische Zusammensetzung, so sprechen wir bei Glaubersalz von Natriumsulfat und bei Bittersalz von Magnesiumsulfat.

Eine Empfehlung, für welches der beiden Salze Sie sich entscheiden sollten, kann ich an dieser Stelle nicht aussprechen, weil die Geschmäcker verschieden und der Wirkeintritt ebenfalls individuell unterschiedlich ist. Nach meiner Erfahrung kann ich sagen, dass ich Bittersalz geschmacklich etwas bekömmlicher finde als Glaubersalz. Dieses hat für mich tatsächlich einen starken, bitteren, mineralischen Geschmack und war für mich nur schwerlich hinunterzubekommen. Mit Bittersalz fiel es mir deutlich leichter. Probieren Sie es am besten einfach selber aus oder lassen Sie sich in der Apotheke Ihres Vertrauens beraten. An dem Ausleitungstag sollten Sie sich stets in der Nähe einer Toilette befinden oder besser noch, wenn es sich organisieren lässt, ganz zu Hause bleiben. Ich empfehle Ihnen eher Letzteres, da der Wirkeintritt der Salze ganz verschieden ist, von wenigen Minuten bis hin zu zwei oder drei Stunden. Wenn die Wirkung einsetzt, ist es in der Regel mit einer einmaligen Stuhlentleerung nicht getan. Bereiten Sie sich also auf häufigere Sitzungen auf Ihrer Toilette vor. Nehmen Sie sich also am besten zumindest an diesem Tag frei und machen Sie es sich zu Hause gemütlich.

Je nachdem, für welches der beiden Salze Sie sich nun entschieden haben, rühren Sie einen Teelöffel in 250 ml warmes Wasser ein, bis sich das Salz aufgelöst hat, und trinken Sie es auf nüchternen Magen. Verbringen Sie den Rest des Tages in Ruhe und genießen Sie Ihre drei basischen Mahlzeiten – ein Feiertag für den Darm.

Von unten

Bevor wir uns diesem indiskreten Thema zuwenden, ein kurzer Abstecher zur Geschichte: Einläufe werden schon seit Jahrtausenden durchgeführt, wie zum Beispiel von Hippokrates (460–370 v. Chr.), dem berühmtesten griechischen Arzt des Altertums und Vater der Medizin und Wissenschaft. In Anbetracht der Tatsache, dass Einläufe ihren festen Platz in der traditionellen Medizin haben, ist es doch erstaunlich, dass uns dieses Thema so beschämt und wir nur hinter vorgehaltener Hand über unseren Stuhlgang sprechen.

Über Brust- und Nasenoperationen zu sprechen, scheint dagegen fast das Normalste auf der Welt zu sein. Glücklicherweise erlebt der Einlauf mit seinem Nutzen und Gewinn für unsere gesamte Gesundheit eine Renaissance. Egal, für welche Fastenmethode Sie sich entscheiden, zum Reinigen, Entlasten und Wohlfühlen, gerade während einer Fastenkur gehört immer auch ein Einlauf dazu. Zugegeben, vor meinem ersten Einlauf war ich ganz schön aufgeregt. Ich hatte große Befürchtungen, etwas falsch zu machen. Erst nach dem dritten Einlauf wurde ich entspannter und routinierter im Ablauf. Ich habe meinen ersten Einlauf ebenfalls im Rahmen einer Basenfasten-Kur gemacht.

Warum ist nun aber ein Einlauf, vor allem während des Fastens, so sinnvoll? Eigentlich ist es ganz einfach. Sie wissen ja, dass sich durch die Ernährungsumstellung auf basische Kost während des Fastens viele Giftstoffe, Schleime, Ablagerungen und Schlacken lösen. Um diese Schadstoffe auszuleiten, ist ein Einlauf die schonendste, gleichzeitig aber schnellste Möglichkeit. Klassische Nebenwirkungen des Entgiftungsprozesses wie Kopfschmerzen und Müdigkeit können so deutlich minimiert werden.

Einige führen Einläufe durch, wenn eine Erkältung im Anmarsch ist oder sie sich geschwächt fühlen. Anderen hilft eine Darmspülung auch bei Durchfall, vor allem, wenn dieser durch schädliche, »böse« Darmbakterien verursacht wurde. Man sagt, dass Einläufe auch angewandt werden können, wenn die Abläufe im Darm nicht mehr reibungslos funktionieren, wie zum Beispiel bei Verstopfung oder Durchfall. Sollten dies jedoch länger andauernde Zustände sein, dann suchen Sie bitte unbedingt Ihren Arzt/Ihre Ärztin auf, mit dem Sie das weitere Vorgehen besprechen sollten. Hinter solchen allgemeinen Symptomen können sich durchaus ernst zu nehmende Darmerkrankungen verstecken, die unbedingt eine ärztliche Behandlung erfordern.

Es gibt verschiedenes Equipment, mit denen Darmspülungen durchgeführt werden können. Ich benutze das Irrigator-Set, weil hier das ganze Material schon zusammengestellt ist. Sie brauchen lediglich noch etwas Kokos-, Mandel- oder Olivenöl zum Einölen des Afters und um den Einführschlauch gleitfähiger zu machen. Nachdem Sie die Teile des Sets zusammengebaut haben, füllen Sie den Einlaufbecher mit maximal körperwarmem (37 °C) Wasser. Öffnen Sie den Ablauf des Einlaufbechers durch Öffnen des Sperrhahns und befüllen Sie den Einlaufschlauch so, dass sich keine Luft mehr darin befindet. Verschließen Sie den Sperrhahn wieder. Anschließend suchen Sie sich Ihren Platz für den Einlauf. Hierbei ist es wichtig, dass der Einlaufbecher hoch positioniert werden kann, denn Wasser fließt in Richtung des Gefälles von oben nach unten. Ich persönlich hänge meinen Becher immer an die Duschstange. Füllen Sie den Becher wieder mit warmem Wasser auf. Beim ersten Einlauf sollten 800 ml reichen. Legen Sie die Stelle, an der Sie sich den Einlauf setzen wollen, mit ein paar Handtüchern aus, damit sie nicht auf dem kalten, harten Boden knien oder liegen müssen. Knien Sie sich in den Vierfüßlerstand und geben sie etwas Öl auf den Anus.

Führen Sie nun langsam den durchsichtigen Einführschlauch ein, so weit es geht. Wenn Sie einen

Widerstand spüren, schieben Sie nicht weiter, das kann zu Schleimhautverletzungen und größeren Schäden führen. Bleiben Sie im Vierfüßlerstand oder legen Sie sich auf die Seite und öffnen sie den Sperrhahn erneut. Das Wasser beginnt nun einzufließen. Versuchen Sie, sich zu entspannen und warten Sie, bis der Becher leer ist. Es kann sein, dass Sie ein sofortiges Druckgefühl spüren und sich sofort entleeren möchten. Tun Sie das in diesem Falle ruhig. Wiederholen Sie den Vorgang und versuchen Sie, das Wasser länger in Ihrem Darm zu behalten. So können Ablagerungen und fester Stuhl besser einweichen und sich lösen.

Mein Tipp: In einem Schulterstand gelingt es Ihnen besser, das Wasser zu halten. Sie werden sehen, dass Ihnen die Abläufe von Mal zu Mal bekannter sind und Sie selbst entspannter werden. Und das Tolle: Auch die Resultate werden immer besser. Ich habe während meiner Fastenkur ab dem zweiten Tag täglich einen Einlauf gemacht, und zwar sechs Tage lang. Ab dem vierten Tag habe ich bemerkt, dass nicht nur Stuhl, sondern auch Schlacken und Kotsteine gelöst wurden – Wahnsinn! Fortgeschrittene können ihre Einläufe auch mit Kräutertee oder Kaffee machen.

An dieser Stelle möchte ich Sie nochmals daran erinnern, während einer Fastenkur ausreichend Wasser oder Kräutertee zu trinken. Weil bei der Darmreinigung natürlich auch »gute« Bakterien mit ausgespült werden, empfiehlt es sich, regelmäßig Probiotika zu sich zu nehmen, um die Darmflora mit vielen »guten« Bakterien wiederaufzubauen.

Ein Einlauf ist eine tolle Sache, wenn er korrekt durchgeführt wird. Allerdings gibt es dabei einige Dinge zu beachten: Zu häufig durchgeführte Einläufe, zum Beispiel aus Gründen der Körperpflege, sind nicht empfehlenswert, da dem Körper hierdurch zu viel Wasser und Mineralien entzogen werden könnten. Zudem kann eine Darmspülung die Darmschleimhaut massiv reizen. Daher sollten in folgenden Fällen gar keine Einläufe durchgeführt werden:

- bei Bauchschmerzen und Brechreiz
- bei akuter Entzündung des Bauchfells
- in der Schwangerschaft
- nach Operationen
- bei Blutungen im Verdauungstrakt
- bei Darmverschluss

Wenn Sie sich unsicher sind, ob ein Einlauf das Richtige für Sie ist, sprechen Sie unbedingt vorher mit Ihrem Arzt/Ihrer Ärztin bzw. suchen Sie einen Spezialisten/eine Spezialistin auf, der bzw. die Sie zum Thema umfassend informiert und begleitet.

FASTEN DURCH KONTROLLIERTE ZUFUHR

Bei der Fastenkur wird auf die Zufuhr sämtlicher Giftstoffe von außen verzichtet. Rauchen und der Konsum von Alkohol sind absolut tabu. Bei der Zufuhr von Lebensmitteln gibt es klare Vorgaben. Dies verschafft unseren Ausscheidungsorganen Entspannung, da sie sich nun nicht mehr mit dem von außen zugeführten Müll beschäftigen müssen, sondern sich ausschließlich auf sich selbst konzentrieren können.

Alle Organe können sich einmal komplett kurieren und richtig reinigen. Um hier einen maximalen Effekt zu erreichen, ist es wichtig, viel Flüssigkeit am besten in Form von stillem, qualitativ hochwertigem Quellwasser oder Kräutertee zu trinken.

Dies führt zu einem Effekt, der von vielen Fastenden als eher unangenehm wahrgenommen wird: Nach einigen Tagen des Fastens ist nämlich zu beobachten, dass unsere Ausscheidungen zunächst alles andere als gereinigt zu sein scheinen:

- Die Haut scheidet eher übel riechenden Schweiß aus.
- Die Lungen atmen alte Giftstoffe ab, was zu üblem Atem führt.
- Die Nieren scheiden stark riechenden Urin aus.
- Der Darm scheidet unangenehm riechenden Stuhl aus.

Dieses Phänomen rührt daher, dass mit den Ausscheidungsprodukten der einzelnen Organe in den ersten Tagen des Fastens viel alter Müll ausgeschieden wird. Dieser hat oftmals lange vor sich hingegammelt im Körper. Und so riecht es dann auch. Aber keine Sorge, das ist kein anhaltender Zustand und hört nach einigen Tagen auf. Auch unsere Leber kann sich während des Fastens von Altlasten befreien und spült unser Blut von alten Müllresten frei. Das verstärkt die Entgiftung unseres Körpers, was uns zunächst kränklich fühlen lässt. Doch auch dieses Gefühl lässt schnell nach, sobald unsere Organe aufatmen können, weil alles gereinigt ist.

WANN WIRD AM HÄUFIGSTEN GEFASTET

Jeder Frühling ist ein Neuanfang, und viele Menschen möchten der schönen, warmen Jahreszeit schlank und fit mit viel Energie begegnen. Eine einigermaßen festgelegte Zeit zum Fasten ist für die meisten Menschen der Zeitraum zwischen Aschermittwoch und Ostern. Die 40-tägige Fastenzeit beginnt immer am Aschermittwoch und endet in der Karwoche. Die österliche Bußzeit ist eine Vorbereitung auf Ostern. Auch Nicht-Christen nutzen diese Zeit, um Genügsamkeit und Enthaltsamkeit walten zu lassen. Mit den heutigen wissenschaftlichen Erkenntnissen und unseren Möglichkeiten können wir jedoch zu jeder Zeit des Jahres fasten.

KLEINES ABC DER FASTENKUREN

Wie sich alles im Laufe von Jahrhunderten verändert, hat sich auch die Art des Fastens geändert. Denn unsere körperlichen und geistigen Herausforderungen, die wir heute zu bewältigen haben, sind anders als sie vor ein paar Jahrhunderten oder sogar noch vor 50 Jahren waren. Die heutigen Probleme unserer Gesellschaft sind Stress, Existenzängste, Zeitmangel, Unzufriedenheit, Unruhezustände, ständiges Sorgenmachen und ungesunde Ernährungsgewohnheiten durch ein verführerisches Überangebot an Fast Food, Zucker, Salz, Gluten etc. Körperliche Beschwerden werden lieber mit Medikamenten behandelt, als krank machende Gewohnheiten zu ändern. Wir sehnen uns nach mehr Lebensqualität, doch wissen wir häufig nicht, wo wir anfangen sollen.

Vielleicht kann ich mit Ihnen gemeinsam durch eine Fastenkur den Meilenstein für den Weg zu einem gesünderen Leben legen. Doch bevor ich Ihnen meine Lieblings-Kuren genau vorstelle, möchte ich Ihnen einen Abriss verschiedener Fastenmethoden wie zum Beispiel Smoothiefasten, Konsum-Fasten, Seelenfasten oder Social Media-Fasten geben, die sich in den letzten Jahren durchgesetzt haben. Aber auch ein paar ältere Methoden möchte ich Ihnen kurz vorstellen.

NICHT MEHR ZEITGEMÄSSE KUREN

Fasten nach: Franz-Xaver-Mayr

Im Volksmund trägt die Kur des österreichischen Arztes Dr. Franz Xaver Mayr (1875–1965) den Namen Milch-Semmel-Fasten.

GRUNDPFEILER DIESER KUR SIND:

Morgens und mittags: 1 altbackenes Brötchen; jeder Bissen wird 40-mal gekaut und pro Mahlzeit mit insgesamt ¼–½ Liter Milch hinuntergespült.

Abends: Kräutertee

Zusätzlich:

- Sanfte Darmreinigung durch regelmäßige Einläufe
- Durchführung intensiver Darmmassagen, um Darm, Blase, Galle, Milz und Leber zu aktivieren

Meiner Meinung nach ist diese Kur sehr einseitig und ebenfalls nicht mehr zeitgemäß, da mehr und mehr Menschen an Laktose- und/oder Glutenunverträglichkeit leiden. Es gibt aktuell wieder Neuauflagen dieser Kur. Ihre Vertreter sind überzeugt von deren Effektivität. Ich bin mir sicher, dass diese Kur, zu der Zeit, als sie erfunden wurde, auch äußerst effektiv war. Allerdings sind unsere heutigen Semmeln und auch die Milch dermaßen stark verarbeitet, dass sie unserem Körper eher schaden als helfen.

Fasten nach: Hildegard von Bingen

Bei der Fastenkur nach der Benediktinerin Hildegard von Bingen (1098–1179) bekommt der Körper bis zu 800 Kalorien täglich. Hierbei setzt Hildegard von Bingen auf die Kraft des Dinkelschrots und der Quitte. Dieses fast vergessene Kernobst wurde schon in der Antike als Heilfrucht gegen Hautentzündungen, Verdauungsbeschwerden und Erkältungen eingesetzt. Die duftenden Früchte sind zudem reich an Nährstoffen, Kalzium, Vitamin B und C und Folsäure, welche sich wiederum positiv auf Blutdruck sowie die Funktion von Herz, Nerven und Muskeln auswirken.

GRUNDPFEILER DIESER KUR SIND:

Am Morgen: 1 Portion Frucht-Habermus (das ist gekochter Dinkelschrot mit getrockneten Früchten und wichtigen, energiespendenden Gewürzen wie Bertram, Galgant, Flohsamen und Zimt)

Zu Mittag: 2–3 Teller rein pflanzliche Fastensuppe bestehend aus Dinkelgrieß, Hildegard-Gewürzen und Gemüse

Am Abend: 1–2 Teller Hildegard-Fastensuppe mit Dinkelschrot und frischen Kräutern, gedünsteten Äpfeln und Fencheltee

Zusätzlich: Über den Tag verteilt sollten etwa 2–3 Liter ungesüßter Fenchel- oder Fastentee getrunken werden. Ergänzt wird dies mit viel moderater Bewegung, Ruhe, Meditation oder Gebet und Seelenforschung.

Auch wenn ich persönlich ein großer Hildegard-von-Bingen-Fan bin, so finde ich diese Kur verglichen mit anderen Möglichkeiten sehr einseitig und nicht mehr zeitgemäß, schon allein deswegen, weil die Quitte stark in Vergessenheit geraten und nur sehr schwer erhältlich ist.

ALTBEWÄHRT UND IMMER NOCH AKTUELL

Heilfasten nach Buchinger

Dies ist die wohl bekannteste Fastenmethode. Sie empfiehlt sich sowohl als Therapie von diversen Krankheiten als auch als vorbeugende Maßnahme. Begründet wurde diese Methode durch den Arzt Dr. Otto Buchinger (1878–1966).

Eine solche Kur sollte nur mit professioneller Begleitung angewendet werden. Sie ist für zu Hause nicht unbedingt empfehlenswert und schon gar nicht für unerfahrene Fastende.

GRUNDPFEILER DIESER KUR SIND:

- Einstieg durch Entlastungstage mit leicht energiereduzierter Kost
- Darmreinigung
- keine Genussgifte
- viel qualitativ hochwertiges Wasser oder Kräutertees trinken
- Ruhe
- Fastenbrechen durch Aufbautage mit leichter Vollwertkost
- An den ersten 1–3 Entlastungstagen wird ausschließlich Obst, Hafer oder Reis gegessen. An diesen Tagen sollte die Kalorienzufuhr von 600 kcal/Tag nicht überschritten werden.

Ziel ist es, den Körper langsam auf die eigentliche Fastenperiode vorzubereiten. Am ersten Tag der eigentlichen Kur soll eine Darmentleerung durch die Einnahme von Natriumsulfat (Glaubersalz) herbeigeführt werden. Im weiteren Verlauf wird an jedem zweiten Tag zusätzlich ein Einlauf durchgeführt. Zudem soll täglich eine Flüssigkeitsmenge von 3 Litern zu sich genommen werden: morgens und mittags je ¼ Liter Kräutertee und Fruchtsaft und über den restlichen Tag verteilt 2 Liter Gemüsebrühe und Mineralwasser ohne Kohlensäure.

AUCH NICHT BESONDERS EMPFEHLENSWERT

Bevor wir auf meine absoluten Fasten-Lieblinge zu sprechen kommen, möchte ich Ihnen hier noch zwei Methoden vorstellen, die ich nicht empfehle:

Nullfasten

Bei dieser Kur dürfen Sie nur Wasser und Kräutertees trinken. Pro Tag sind zusätzlich ½ Liter Frucht- bzw. Gemüsesaft und ½ Liter heiße Gemüsebrühe erlaubt. Dieser andauernde radikale Verzicht auf feste Nahrung bedeutet Alarmstufe Rot für den Körper. Dem Körper wird hier ein dauerhafter Notstand vorgetäuscht. Er fährt seinen Stoffwechsel auf ein Minimum herunter, um Energie zu sparen. Der Körper greift zwar primär auf vorhandene Energiedepots aus Fettpolstern und Muskeleiweißen zurück, was zunächst zu erfreulichem Gewichtsverlust führt, im weiteren Verlauf aber zum unglücklichen Jo-Jo-Effekt, den ich Ihnen später noch genau erklären werde.

Intervall-Fasten

Die wohl derzeit trendigste Form des Fastens und sehr lukrativ, da hier nach längeren Intervallen des Nicht-Essens eine Zeitspanne kommt, in der so viel gegessen werden darf, wie man möchte. Man kann zwischen verschiedenen Modellen wählen, in welchen Abständen die Essenspausen gestaffelt werden.

Am bekanntesten sind die 5:2-Methode, die 16:8-Methode und die 36:12-Methode.

DAS 5:2-FASTEN

Fünf Tage die Woche wie gewohnt, aber kalorienbewusst essen und an den anderen zwei Tagen werden ausschließlich Wasser und Kräutertees getrunken.

DAS 16:8-FASTEN

bedeutet, dass je acht Stunden am Tag gegessen werden darf und die restlichen 16 Stunden wird nur Tee oder Wasser getrunken.

DAS 36:12-FASTEN

bedeutet, dass 36 Stunden am Stück auf Nahrung verzichtet wird und dann zwölf Stunden lang gegessen werden darf.

Das 5:2- und das 36:12-Fasten sehe ich sehr kritisch, da es den Körper in einen Schockzustand versetzt, wenn man mehr als 24 Stunden am Stück komplett auf Nahrung verzichtet, ohne den Körper sanft ein- und auszuleiten, und das führt zum unerwünschten Jo-Jo-Effekt. Dazu später mehr.

Mir ist beim Intervall-Fasten viel wichtiger, was während der Essenszeit geschieht. Dafür müssen Sie den Unterschied zwischen Fasten und Diät verstehen. Der Sinn des Fastens ist das Entgiften, was in der Regel eine Gewichtabnahme mit sich bringt. Bei einer Diät, so wie wir es im deutschsprachigen Raum verstehen, geht es primär um Gewichtsverlust. Intervall-Fasten steht deshalb so hoch im Kurs, weil es als Diät vermarktet wird. Viele Ratgeber empfehlen hier, Lebensmittel zuzuführen, die zwar primär zum Gewichtsverlust führen, aber sehr säurebildend wirken (z. B. Fleisch- und Milchprodukte) und daher in keinster Weise zum Entgiftungseffekt, der beim Fasten erwünscht ist, führen. Wenn überhaupt, würde ich nur das 16:8-Fasten empfehlen, aber nur, wenn es auch als Form des Entgiftens gelebt wird. Ich finde längere Essenspausen extrem sinnvoll, um dem Körper viel Zeit zu geben, zwischen den Mahlzeiten zu entgiften. Wenn ich danach wieder esse, dann rein basisch, um die gerade gereinigten Organe nicht wieder von Neuem zu verschmutzen. Somit ergibt das 16:8-Intervall-Fasten nur in Kombination mit einer gesunden, ausgewogenen und überwiegend basischen Ernährung Sinn.

DIE MAGENVERWEILDAUER VERSCHIEDENER SPEISEN

Die Zeitdauer, die eine Speise für die Passage des Magens benötigt, liegt normalerweise bei einer bis sechs Stunden, kann aber auch länger dauern. Es hängt ganz von Konsistenz, Struktur und Nährstoffdichte der zugeführten Lebensmittel ab. Um zu verstehen, wie und weshalb Intervall-Fasten funktionieren kann, ist es hilfreich, zu wissen, wie lange Speisen in unserem Magen verweilen. Je nachdem, was gegessen wurde, können dann entsprechende Essenspausen eingehalten werden. Dies ist sinnvoll, da erst, wenn die von uns aufgenommene Nahrung den Magen komplett passiert hat, eine Entlastung unserer Organe einsetzen kann.

Nahrungsmittel	**Magenverweildauer**
Getränke	1 Stunde
Milch, Reis, Weißbrot, Kartoffeln (gekocht)	2 Stunden
Rührei, Sahne, Mischbrot, einige Gemüse, Fisch	3 Stunden
Vollkornbrot, Geflügel, Bratkartoffeln, viele Gemüse	4 Stunden
Hülsenfrüchte und fetter Fisch	5 Stunden
Fette Speisen wie Ölsardinen oder Schweinebraten	6 Stunden

Sie sehen, wie wichtig Nahrungspausen sind, damit alter Nahrungsbrei nicht auf neuen trifft.

Das Intervall-Fasten kann nach ganz unterschiedlichen Zeitmodellen ablaufen, je nach Geschmack, Typ und Tagesablauf. Um den Überblick über die jeweiligen Zeitfenster für die Nahrungsaufnahme nicht zu verlieren, bietet es sich an, ein Ernährungsprotokoll zu führen, in dem auch vermerkt wird, wie viele Kalorien ungefähr zugeführt wurden. Dies ist vor allem empfehlenswert, wenn die Gewichtabnahme im Vordergrund steht.

Für Frauen gilt hier eine ungefähre Kalorienaufnahme von 500, für Männer 600 kcal pro Tag. Bei vielen Intervall-Fastenmethoden wird behauptet, es sei egal, was und wie viel Sie in den Essenszeiten essen, solange Sie die Nahrungspausen einhalten. Ich halte davon nicht viel, weil selbst wenn ein gewünschter Gewichtsverlust einsetzt, unser Körper durch falsches Essen übersäuert und damit belastet wird. Und das ist alles andere als gesund.

WIE KOMMT ES ZUM JO-JO-EFFEKT?

Wie schon öfter erwähnt, ist unser Körper eine sehr schlaue und ausgetüftelte Maschine, die eigentlich nichts ohne Grund macht. So kommt es auch zu dem von uns nicht als positiv eingeschätzten Jo-Jo-Effekt. Der Effekt ist eigentlich ein überlebenswichtiger Mechanismus, nur zu unserer heutigen Zeit ist er nicht mehr notwendig. Unser Leben, unser Lebensstil und unser Essverhalten haben sich in den letzten hundert Jahren rasant geändert, aber unser Körper hat sich noch nicht in diese Richtung angepasst. Meiner Meinung nach ist dieses Wissen die Grundlage, damit Sie nach einer kurzzeitigen Diät oder Fastenkur nicht in die Jo-Jo-Falle tappen. Das Wissen bzw. das Unwissen über den Jo-Jo-Effekt sind der Schlüssel und vor allem auch der Grund, warum zum Beispiel die meisten Diäten keinen dauerhaften Effekt haben.

Mit Kalorienreduktion ist es nämlich leider nicht getan. Bei jeder Ernährungsweise, bei der die Nahrungszufuhr reduziert wird, wird ebenfalls die Energiezufuhr heruntergeschraubt (fast alle Diäten basieren auf einer reduzierten Energiezufuhr, Fasten zählt demnach auch dazu). Oftmals führen wir dadurch sogar weniger Energie zu, als der Körper benötigt, um seine Organ- und Vitalfunktionen wie gewohnt ausführen zu können (Grundumsatz).

Dadurch kommt der Körper in eine für ihn ungewohnte Situation, weil er weniger Energie zur Verfügung gestellt bekommt, als er eigentlich gewohnt ist. Zunächst verursacht dieser Umstand körperlichen Stress, vor allem, wenn die Reduzierung nicht sanft eingeleitet wird. Das kann sich für den Körper wie ein Schock anfühlen. Wir fühlen uns schwach und sehr abgeschlagen.

Das ist auch der Grund, warum wir das Fasten mit den sogenannten Entlastungstagen starten, um den Körper an die Energieumstellung zu gewöhnen. Nun ist unser Körper aber wie gesagt ein Meisterwerk der Schöpfung und durchaus in der Lage, sich dieser neuen Situation anzupassen. Als Reaktion wird der Grundumsatz gesenkt. Das heißt, dass in allen Organen und in jeder Zelle der Energieverbrauch heruntergeschraubt wird.

Dieser Vorgang war damals zur Steinzeit, wo Nahrungsmittel nicht immer zu Verfügung standen, oder im Mittelalter, wo Vorratskammern sich gegen Ende des Winters schnell leerten und oftmals Hungersnöte ausbrachen, Routine.

Unser Körper funktionierte damals wie heute nach demselben Prinzip: Der Körper verbrauchte deutlich weniger Energie und konnte somit die verminderte Nahrungszufuhr ausgleichen. Aber wie kommt es nun zum Jo-Jo-Effekt? Glücklicherweise wurde in der Regel nach einer längeren Hungerperiode wieder eine ausreichende Energiezufuhr ermöglicht. Das Essen war wieder in ausreichenden Mengen verfügbar. Der Körper registriert, dass er nun wieder ausreichend Nahrung zugeführt bekommt. Er verlässt aber nicht den »Notstand-Modus« und hebt den Grundumsatz nicht auf das normale Level an.

Das primäre Ziel ist es, den Organismus vor einer eventuell erneut auftretenden Hungerperiode zu schützen. Das tut er, in dem er den reduzierten Grundumsatz beibehält und die überschüssige Energie aus der zugeführten Nahrung als Reserve in Form von Fett speichert. Der Körper wappnet sich so für die nächste Hungersnot und verstoffwechselt nun doppelt und dreifach. Als Folge nehmen wir zu und das nicht langsam, sondern doppelt bis dreimal so schnell wie vorher. Der Körper reagiert noch heute auf diese Art und Weise, nur folgt keine neue Hungersnot, für die er sich wappnen müsste. Und genau hier sind wir beim Jo-Jo-Effekt!

Nach einer radikalen Diät oder einer ausgedehnten Fastenperiode legen wir viel schneller an Gewicht zu als zuvor. Daher ist es bei jeder Ernährungsumstellung, sei es Diät oder Fastenkur, so wichtig, die Umstellungstage durchzuführen, um den Stoffwechsel langsam an die Nahrungsumstellung zu gewöhnen. Nun ist Ihnen klar, warum radikale Diäten, die auf extremer Nahrungsreduktion basieren, keinen durchschlagenden Erfolg haben können. Natürlich spielt die Reduktion bei einer Gewichtabnahme eine wesentliche Rolle, doch um nachhaltigen Erfolg zu erzielen, kommt es vor allem darauf an, was man isst und in welcher Qualität. Eine basische Ernährungsweise ist hierfür zum Beispiel ideal.

HIER NOCH EINMAL DIE PHASEN DES JO-JO-EFFEKTS SCHEMATISCH DARGESTELLT:

1. Erhöhtes Gewicht
→ mentale Entscheidung, etwas zu ändern

2. Reduzierung der Kalorienzufuhr
→ Diät oder Fastenkur

3. Abbau von körpereigenen Ressourcen
→ Körper geht an Reserven
→ Gewichtsverlust

4. Körper verlangsamt seinen Stoffwechsel
→ Anpassung der Vitalfunktionen an reduzierte Energiezufuhr
→ Körper haushaltet mit dem, was ihm zur Verfügung steht

5. Ende der Diät/Fastenkur
→ Nahrung im Überfluss

6. Kalorienzufuhr entspricht der von vor der Kur

7. Verstärktes Speichern der Energie aus zugeführten Lebensmitteln
→ der Körper legt Reserven an und speichert Energie in vielfacher Menge
→ Gewichtszunahme, die das Gewicht vor der Diät/Fastenkur übersteigen kann

So ist der Jo-Jo-Effekt am besten zu erklären. Deshalb sollte immer, absolut immer, darauf geachtet werden, weder von heute auf morgen schnell eine Diät oder Fastenkur zu beginnen noch von heute auf morgen schnell damit aufzuhören.

KLEINER EXKURS ZUM PH-WERT

Mit diesem Thema kann man ganze Bücher füllen. Der Säure-Basen-Haushalt ist ein sehr komplexes Thema. Ich versuche, Ihnen das Wesentlichste, was für das Fasten wichtig ist, in maximal vereinfachter Form kurz zu erklären.

Der sogenannte pH-Wert ist die Kurzform für *potentia Hydrogenii*. Dies ist lateinisch und bedeutet übersetzt »Konzentration der Wasserstoffionen« Er zeigt an, ob eine wässrige Lösung eher sauer oder basisch ist.

WAS BEDEUTET DAS?

Unser Körper und seine Flüssigkeiten bestehen zu etwa 70 % aus Wasser. In jeder wässrigen Flüssigkeit sind Wasserstoffionen vorhanden, die über den Säuregrad der Lösung, den sogenannten pH-Wert, entscheiden. Je nachdem, wie viele Wasserstoffionen in einer Flüssigkeit vorhanden sind, verschiebt sich der pH-Wert.

In unserem Körper können wir in den unterschiedlichsten Sekreten verschiedene pH-Werte messen. pH-Werte unter 7 sind sauer, über 7 basisch und mit genau 7 werden sie als neutral bezeichnet. Die unterschiedlichen pH-Werte unsere Körperflüssigkeiten ergeben absolut Sinn, da sie verschiedene Aufgaben zu erfüllen haben. So ist zum Beispiel das Sekret der Bauchspeicheldrüse mit einem pH-Wert von 8 schwach basisch. Dies ist dringend notwendig, weil es die stark saure Magensäure (pH 1,2–3) neutralisieren muss.

Zur Beurteilung des Säure-Basen-Haushalts unseres Körpers ist unser Blut-pH-Wert entscheidend. Dieser liegt beim gesunden Menschen zwischen 7,35–7,45, also im leicht basischen Bereich. Unsere Organe können nur in diesem pH-Bereich optimal arbeiten. Schon kleinste Verschiebungen durch gestörte Stoffwechselfunktionen haben schlimme Auswirkungen auf unseren Körper. Bereits ein im Blut gemessener pH-Wert von knapp unter 7,35 stellt für unsere Organe eine Stresssituation dar. Sie können nicht mehr effektiv arbeiten.

Nimmt die pH-Wert-Verschiebung entweder in die saure oder auch in die basische Richtung weiter zu, kommen wir sehr schnell in den lebensbedrohlichen Bereich. In begrenztem Maße ist der Körper durch sogenannte Puffermechanismen selbst in der Lage, kleine pH-Wert-Verschiebungen auszugleichen. Aber wir können selbst noch mehr dazu beitragen. Unsere Aufgabe ist es, dafür zu sorgen, unseren Blut-pH- Wert in einem stabilen, leicht basischen Bereich zu halten.

Dies ist gar nicht so einfach, weil durch die Verarbeitung der Umweltgifte, die wir unserem Körper zuführen, Säuren entstehen. Durch Verzicht auf solche ist bereits ein großer Schritt getan. Führen wir unserem Körper dann noch basisch wirkende Nahrung zu, bringen wir ihn in einen gesunden und widerstandsfähigen Zustand, der den meisten Krankheiten trotzen kann. Und das ist das Ziel des basischen Fastens und der basischen Diät.

Ganz so neu ist dieses Wissen im Übrigen nicht. So bekam bereits 1935 der Physiker Dr. Otto Warburg den Medizin-Nobelpreis für den Nachweis, dass Krebszellen in einem basischen, sauerstoffreichen Umfeld nicht überleben können.

Unsere Organe wollen wir ja in den »Urlaub« schicken. Wissen Sie noch, warum? Richtig, um sie vor einem Burn-out zu bewahren, denn die Organe sind mit der Beseitigung von all dem Müll überlastet, den wir uns zuführen. Wie Sie soeben erfahren haben, wirken diese Schadstoffe äußerst säurebildend auf unseren Körper.

Das sind typische Anzeichen für eine Übersäuerung:

- Haarausfall
- brüchige Nägel
- Sodbrennen
- Übergewicht
- ständige Müdigkeit
- Muskelschmerzen und -krämpfe
- allgemeines Unwohlsein
- Erschöpfungszustände
- Anfälligkeit für Infektionen
- häufige Kopfschmerzen
- Hautjucken
- vermehrte Schuppenbildung
- unreine Haut
- Cellulitis
- Anfälligkeit für Pilzerkrankungen (Pilze wachsen nur in einer sauren Umgebung)

Je mehr Anzeichen auf Sie zutreffen, desto höher ist die Wahrscheinlichkeit, dass der Körper übersäuert ist.

EINLEITEN DES FASTENS: ORGANE VORBEREITEN

In der Zeit vor Ihrer Kur können Sie gerne schon mit Kräutern und Bitterstoffen systematisch Ihre Organe auf Ausleitung polen.

SYSTEMISCHE EINLEITUNG MIT TEE

In unserem alltäglichen Ablauf verlangen wir unserem Körper ganz schön viel ab. Er soll stets und unter allen Umständen ohne zu murren funktionieren. Auch wenn wir ihm wenig Schlaf, wenig frische Luft oder auch wenig ausgewogene, frisch zubereitete Hausmannskost anbieten, erwarten wir immer Höchstleistungen. Wir wollen eine schöne Haut, volles Haar, festes Bindegewebe, keine Kopfschmerzen, keine Magenprobleme und stets gute Laune. All das soll unser Körper für uns leisten. Und wie unser Organismus das hinbekommen soll, überlassen wir ihm zum größten Teil selbst. Plötzlich, entweder zum ersten Mal oder regelmäßig einmal im Jahr, teilen wir unserem Körper mit: Hey, wir fasten jetzt! Wenn das von heute auf morgen geschieht, ist das erst mal ein Schock für unseren Organismus. Deshalb ist es, um negative Auswirkungen des Fastens zu vermeiden, wirklich wichtig, den Prozess zur Eigenreinigung und Eigenregeneration etwa eine Woche vor dem Fasten einzuleiten, zum Beispiel mit Tees – hier eignet sich eine systematisch und

speziell zusammengesetzte Teemischung. Systematisch bedeutet also in diesem Fall, dass man nicht monothematisch einen Wirkstoff als Tee zu sich nimmt, sondern ein Signal an alle in den Fastenprozess eingebundenen Organe sendet, um ihnen den Weg zur Eigenreinigung zu vereinfachen.

Unsere Ausscheidungsorgane, die beim Fasten erst auf Umstellung gestellt werden müssen und dann auf Hochtouren arbeiten, sind: Haut, Leber, Niere, Lunge, Darm, Milz und Bauchspeicheldrüse. Als Teemischung würde sich folgende Zusammensetzung eignen:

Ringelblume für die Haut

Der Ringelblume werden viele Wirkungen zugeschrieben, aber eine besonders gute Wirkung hat sie für die Haut. Entscheidend in der Fastenzeit ist ihre entgiftende Wirkung. Sie löst während des Fastens die Gift- und Schlackenstoffe aus dem Gewebe. Natürlich ist ihre entzündungshemmende, antimikrobielle und regenerierende Wirkung fördernd für die Wundheilung. Ringelblumenblüten enthalten Triterpensaponine, Carotinoide und Xanthophylle, Flavonoide, ätherisches Öl und wasserlösliche Polysaccharide.

Birke für die Niere

Die Birke wurde zum Baum des Jahres 2000 gekürt. Sie ist zudem ein Sinnbild des Frühlings mit leuchtend weißer Rinde. Schon in den Kräuterbüchern des Mittelalters nannte man sie »Nierenbaum« Ein entsprechender Birkenblättertee kann helfen, die Nierenfunktion anzuregen und die Ausscheidung von Stoffwechselschlacken zu fördern. Birkenblätter enthalten Flavonoide, Salicylsäureverbindungen, Gerbstoffe, Vitamin C und Saponine. Der Birkenblättertee wirkt harntreibend, reizt die Nieren dabei aber nicht.

Brennnessel für die Nieren

Brennnesseln sind voller Mineralsalze, die dem Körper helfen, Säuren auszuscheiden. Sie enthalten zudem Eisen, Kalzium, Kalium, Magnesium, Mangan, Kieselsäure, Phosphor, Chrom, Kobalt, Vitamine B, C, E, K und Carotinoide. Für mich das größte Argument zum Einsatz ist, dass sie voll vom grünen Pflanzenfarbstoff Chlorophyll sind, welches den gesamten Organismus stärkt.

Wegwarte für Milz und Bauchspeicheldrüse

Im Mittelalter galt die Wegwarte als Zauberkraut. Heutzutage kennt man die Wegwarte zur Stärkung der Verdauungsorgane. Weitere Einsatzgebiete sind chronische Darmreizungen oder Morbus Crohn sowie Colitis Ulcerosa. Sie wird aber auch zur Senkung des Blutzuckers und zur Stärkung des Immunsystems eingesetzt. Ihre Inhaltsstoffe sind Inulin (Ballaststoffe), Bitterstoffe, Intybin, Zucker, Harz, Kalisalze, Cichoriin, Gerbsäure, ätherisches Öl, Mannan, Petein und Lacoulin.

Schafgarbe für Leber und Milz

Die Schafgarbe hat ihren Namen von Schäfern, die beobachtet haben, dass Schafe, wenn es ihnen nicht gut geht, vermehrt dieses Kraut gegessen haben und es ihnen kurz darauf besser ging. Sie regt die Produktion all unser körpereigenen Säfte an und bringt generell Wärme in den Körper. Beim Fasten haben einige Menschen eine hohe Kälteempfindlichkeit. Deshalb ist es wichtig, Wärme von innen zuzuführen.

Holunderblüten und -beeren für die Abwehrkräfte

Egal, ob ein tägliches Gläschen Holunderbeersaft oder ein Holunderblütentee, beides ist eine hervorragende, natürliche Vitamin-C-Quelle. Die Pflanze enthält außerdem Mineralstoffe, viele B-Vitamine, Anthozyane (wertvolle Pflanzenfarbstoffe), die als Radikalfänger wirken. Alles zusammen ein Powerpaket, das die Abwehrkräfte des Körpers stärkt und durch den Schweiß und die Hitze die Bakterien und Viren aus dem Organismus treibt.

Mate für das Immunsystem

In Südamerika hat dieser Tee seine Wurzeln. Während Kaffee und schwarzer Tee in der Fastenzeit nicht getrunken werden sollten, ist Mate in Maßen erlaubt. Er stärkt das Immunsystem, fördert die Fettverbrennung, lindert Allergien, regt die Verdauung an und säubert den Darm. Er enthält die Vitamine A, B, B2, und C, zudem Koffein, Theobromin, Chlorophyll, Gerbsäure, ätherisches Öl und Vanillin.

Walnuss zur Blutreinigung

Walnüsse sind gesunde Basenspender und entsäuern den Körper. In der Signaturlehre werden sie dem Gehirn zugeordnet. Das sind schon zwei sehr wichtige Argumente für den Einsatz beim Basenfasten. Die Walnussblätter als Tee lindern rheumatische Beschwerden, helfen aber auch bei Kopfschmerzen, zur Blutreinigung und zur Ausschwemmung von Schwermetallen. Ebenso empfohlen sind sie zur allgemeinen Stärkung und Förderung des Lymphflusses. Sie enthalten Vitamin C und viele ätherische Öle.

Johanniskraut

Das Johanniskraut mit seinen goldgelben Blüten besitzt viele Fähigkeiten. Man sagt ihm zum Beispiel nach, die Kraft der Sonne zu speichern. Es wurde 2019 zur Heilpflanze/Arzneipflanze des Jahres benannt. Es wird oft als Antidepressivum oder als Stimmungsaufheller eingesetzt. Das kann bei einem kleinen »Fastentief« durchaus von Vorteil sein.

Rosmarin

Das Mittelmeergewächs ist viel mehr als nur ein Küchenkraut. Es ist köstlich in Begleitung zu Kartoffeln, aber auch als Tee. Es ist das perfekte Kraut bei niedrigem Blutdruck, und die enthaltenen ätherischen Öle wirken zudem vitalisierend. Außerdem lindert es Kopfschmerzen, Verdauungsbeschwerden und Blähungen, weshalb es zum Aufbrühen als Tee geeignet ist.

EXKURS WASSER

Wasser ist nicht gleich Wasser! Achten Sie beim Kauf bitte auf folgende Merkmale:

- Kaufen Sie stilles Quell- oder Mineralwasser.
- Kaufen Sie bitte Wasser in der Glasflasche.
- Kaufen Sie sogenanntes artesisches Wasser, das bedeutet, dass es nicht maschinell von der Quelle an die Oberfläche gepumpt wurde.

Sie werden sehen, dass es sehr große Unterschiede gibt, wenn Sie sich mit dem Thema Wasser beschäftigen. Nicht nur in Form und Farbe der Flaschen, sondern auch geschmacklich unterscheiden sich die Sorten, je nachdem, aus welcher Quelle sie stammen. Wie bei Wein und Bier gibt es hier eine große Geschmacksvielfalt. Wenn Sie sich die Zeit nehmen, verschiedene Wassersorten zu testen (hierbei spricht man vom Sensorik-Test), werden Sie herausfinden, welches Wasser Ihnen am besten schmeckt, wodurch es Ihnen sehr viel leichter fallen wird, mehr zu trinken. Probieren Sie es am besten einmal aus, es lohnt sich.

AUSLEITUNG DURCH BITTERSTOFFE

Bitter ist zwar fast eine vergessene Geschmacksrichtung, in unserer Ernährung aber wichtiger denn je. Wir belohnen oder trösten uns mit etwas Süßem. Wenn uns etwas nicht schmeckt oder wir es als kompliziert empfinden, sprechen wir von einer bitteren Pille. Der Ruf des Bitteren ist also leider negativ behaftet. Dabei wusste schon Hildegard von Bingen, dass Kräuter mit einem bitteren Geschmack unerlässlich für die Gesundheit sind. Auch Paracelsus, einer der Vorreiter der heutigen Naturmedizin, war der Meinung, dass Bitterstoffe den Körper von innen reinigen. Bitterstoffe in Pflanzen haben einen natürlichen Grund, sie schützen sie vor Fressfeinden, weil Pilze und Bakterien sich nicht auf bitteren Pflanzenteilen ansiedeln. Eine Möglichkeit, ausreichend Bitterstoffe aufzunehmen, ist das Heidelberger Pulver.

Das Heidelberger Pulver

Die Kräuter im Heidelberger Pulver sind schleimlösend und helfen, den gelösten Schleim auszuscheiden. Der Stoffwechsel wird dadurch positiv beeinflusst, und die Leber und Nieren werden entlastet. Zudem wirken die Kräuter blutreinigend und entgiftend. Jedes der Kräuter ist im Einzelnen sehr wirksam, aber systemisch aufeinander abgestimmt, wirken sie noch besser. Im Heidelberger Pulver sind folgende Kräuter enthalten:

- Wermut
- Anis
- Kümmel
- Fenchel
- Schafgarbe
- Bibernelle
- Wacholder

Das Heidelberger Pulver ist in seiner altbewährten Zusammensetzung nach und von Bertrand Heidelberger benannt. Er lebte im 19. Jahrhundert und war ein Autodidakt. Durch seine eigenen, nicht immer positiven Erfahrungen mit der damaligen Schulmedizin, fing er an, seine Mitmenschen und seine Umwelt sehr genau zu beobachten, und begann, in der Naturheilkunde zu forschen. Er hat sich schon damals mit einem auch für uns heute noch oder wieder hochaktuellem Thema beschäftigt – dem Schleim. Heute wird dieser Schleim (Mucus) auch Schlacke genannt, deswegen spricht man auch vom Entschlacken.

Herr Heidelberger stellte schon vor über 100 Jahren die These auf, dass diese Schlacken in erster Linie durch unsere Nahrungsaufnahme in den Körper gelangen. So wird erst der Magen, dann die Nieren und die restlichen Organe verunreinigt. So entstehen Nährböden für Keime, Pilze, Viren und Bakterien, welche Auslöser für viele Krankheiten sind. Das Pulver ist fertig gemischt in Kräuterfachgeschäften zu erwerben. Der Verzehr ist vor allem während aber auch nach der Fastenkur zu empfehlen.

VERZEHREMPFEHLUNG: 1 gehäuften Teelöffel des Pulvers in den Mund nehmen, dort ordentlich einspeicheln, kauen und dann mit Wasser hinunterschlucken. Der Geschmack ist am Anfang ordentlich bitter. Aber bleiben Sie dran, Sie gewöhnen sich mit der Zeit an den Geschmack und tun Ihrem Körper etwas richtig Gutes.

MODERNE FASTENKUREN UND MEINE LIEBLINGE

SÄURE-BASEN-FASTEN

Diese Methode des Fastens ist recht neu, obwohl die Erkenntnis, dass die Vitalfunktionen unseres Körpers optimal in einem leicht basischen Milieu funktionieren, bereits länger vorliegt. Wenn nun aber der Säure-Basen-Haushalt aus dem Gleichgewicht gerät, vor allem, wenn dies zugunsten des sauren Milieus geschieht, gerät unser Körper unter Stress.

Basisch, basisch, basisch ...

Das Tolle am Basenfasten ist, dass Sie nicht auf feste Nahrung verzichten müssen. Während der ein- bis zweiwöchigen Kur besteht die Ernährung ausschließlich aus basenbildenden Lebensmitteln. Bei dieser Kur muss nicht gehungert werden. Es heißt: Essen, genießen, satt werden und dabei entlasten. Das gesunde basische Milieu wird hierbei zum einen durch Zuführung basischer Lebensmittel gefördert, zum anderen aber auch dadurch, dass unsere Organe die Altlasten an Müll abbauen, in Säuren umwandeln und mit den Ausscheidungssekreten ausschwemmen können. Diese Art des Fastens ist meine absolute Lieblingsmethode, weil sie gut einzuhalten ist.

Grundpfeiler der basischen Kur sind rohes oder gekochtes Obst und Gemüse; beides wirkt basisch auf unseren Körper. Kombiniert wird das Ganze mit Kräutern, Nüssen und hochwertigen Pflanzenölen.

Auf den folgenden finden Sie viele tolle Tipps, Anleitungen und Rezepte, sodass ich Ihnen das Ganze gar nicht mehr schmackhaft machen muss, sondern Sie selbst alles ausprobieren und kosten wollen.

FOLGENDE STOFFE WIRKEN SÄUREBILDEND AUF UNSEREN KÖRPER:

- Fleisch
- Fisch
- Milchprodukte
- Eier
- alle Getreidearten
- Getreidenudeln
- Brot
- Gebäck
- Zucker
- Industriekost
- Alkohol
- Kaffee

Unterstützt wird die Übersäuerung durch Bewegungsmangel, Stress und Umweltgifte.

Wie schon vorher erklärt: Wer effektiv entsäuern möchte, der sollte seinen pH-Wert optimal einstellen. Denn alle unsere Organe können in einem basischen Milieu besser ihrer Tätigkeit nachkommen. Die körpereigenen Reinigungskräfte werden aktiviert, der Stoffwechsel kommt in Gang, und eine schnellere Zellerneuerung ist das Resultat. Dadurch werden die körpereigenen Heilungskräfte aktiviert und Entzündungen im Körper klingen ab. Mit der folgenden Übersicht können Sie Ihre Einkaufsliste besser strukturieren.

SÄUREBILDENDE LEBENSMITTEL

Früchte
Apfel
Ananas
Aprikosen
reife Bananen
Birnen
Cranberrys
Erdbeeren
Hagebutten
Heidelbeeren
Himbeeren
Honigmelone
Johannisbeeren
süße Kirschen
Mandarinen
Mango
Melone
Mirabellen
Orangen
Papaya
Pfirsich
Pflaumen
Stachelbeeren
Trauben
Wassermelone

Gemüse
Weißer Spargel

Getreide/Hülsenfrüchte
Buchweizenmehl
brauner Reis
Dinkelnudeln
Haferflocken
Kichererbsenmehl
Kidneybohnen
Limabohnen
Linsen
Mungobohnen
Sojanudeln
Vollkornbrot
Vollkornnudeln

Vollkorn (biologisch)
weiße Bohnen
wilder Reis

Nüsse
Haselnüsse
Macadamianüsse
Pekannüsse
Pinienkerne
Walnüsse

Öl/Fett
Rapsöl
Sesamöl
Sonnenblumenöl
Walnussöl

BASISCHE LEBENSMITTEL

Früchte
Avocado
Bananen (aber nicht zu reif)
Grapefruit (alle essbaren)
Kapern
Kokosnuss (nur frisch)
saure Kirschen
Limette
Oliven

Gemüse
Artischocken
Auberginen
Avocado
Blumenkohl (auch die Blätter)
Brokkoli (auch der Strunk)
Chili
Endivien
Erbsen
Feldsalat
grüne Bohnen
Grünkohl
grüner Spargel
Gurken
Kaiserschoten
Karotten
Kartoffeln
Knoblauch
Kohlrabi
Kohlsalat
Kopfsalat
Kürbis
Lauch/Porree
Löwenzahn
Mangold
Meerrettich
Nachtschattengewächse (z. B. Tomaten, Paprika, Auberginen)

Pilze
Austernpilze
Champignons
Pfifferlinge
Steinpilze
Kräuterseitlinge

Gräser/Sprossen/Algen
Alfalfa
Chlorella
essbare Blumen
Gerstengras
Hafergras
Sojasprossen
Spirulina
Nori-Alge
Wasserkresse
Weizengras
wilde Kräuter (alle essbaren)

Ich stelle Ihnen im Folgenden drei Möglichkeiten des Säure-Basen-Fastens vor: Smoothie-Fasten, Suppenfasten und Basenfasten. Selbstverständlich können Sie die Rezepte auch untereinander kombinieren.

Smoothie-
FASTEN

Das Fasten mit Smoothies ist eine ziemlich neue Form des Fastens, die immer mehr Anhänger findet. Sie ist nicht besonders aufwendig und gut in fast jeden Alltag einzubauen. Smoothies sind frisch, mit dem Mixer schnell selbst hergestellt, enthalten jede Menge des supergesunden grünen Pflanzenfarbstoffs Chlorophyll und sind randvoll mit Vitaminen, Mineralstoffen, Antioxidantien und sekundären Pflanzenstoffen.

Beim Smoothie-Fasten sind Ihrer Fantasie keine Grenzen gesetzt, Ihren Tag zu gestalten, da Sie in der Zusammensetzung des Super-Getränks ziemlich frei sind. Sie sollten lediglich eine Regel bei jeder Rezeptur beachten: ⅔ Blattgrün und/oder Kräuter werden gemixt mit ⅓ Früchten. Man sollte sich ein wenig Zeit nehmen, um herauszufinden, welche Mischung individuell für einen harmonisch, aromatisch und schmackhaft ist.

Im Gegensatz zu Säften wird das Fruchtfleisch bei Smoothies nicht herausgefiltert. Das ist in meinen Augen auch vollkommen sinnvoll, denn im Fruchtfleisch stecken die darmgesunden Ballaststoffe, die ideale Nahrung für die guten Darmbakterien. Aber dazu später mehr. Fertig gekaufte Smoothies sind übrigens keine Alternative und sollten lediglich in Ausnahmefällen verwendet werden. Grund dafür ist, dass zum einen viele wichtige Vitamine und Nährstoffe durch die Konservierung verloren gehen, zum anderen ist der Fruchtanteil in Fertig-Smoothies viel zu hoch. Dadurch wird dem Körper hochkonzentriert Fruchtzucker (Fructose) zugeführt, welcher überwiegend über die Leber verstoffwechselt wird. Aber auch die Leber sollte während der Fastenkur geschont werden.

Ein Smoothie ist ein wahrer Vitalstoff-Cocktail. Diese Vitalstoffe verflüchtigen sich aber mit der Zeit beim Kontakt mit Sauerstoff (Oxidation). Der Vitalstoffgehalt halbiert sich um bis zu 50 % bereits nach zwei bis drei Stunden. Daher empfiehlt es sich, das Power-Getränk stets frisch zubereitet zu trinken.

Bei den hier vorgestellten Smoothie-Rezepten unterscheiden wir zwischen Morgen-, Mittag-, Nachmittag- und Abend-Smoothie. Sie unterscheiden sich in ihrer Sämigkeit und ihrer Konsistenz. Der Smoothie am Morgen wird getrunken, der am Mittag ist eine Smoothie-Bowl, wird also wie eine Suppe gelöffelt und somit langsamer gegessen. Dadurch erreichen wir ein länger anhaltendes Sättigungsgefühl. Der Smoothie am Nachmittag ist etwas süßer, also ideal, um aufkommende Gelüste nach Süßem zu stillen, und der am Abend ist wieder zum Löffeln. So wird es nicht langweilig, und Sie kommen gut durch den Tag.

Diese Art des Fastens zählt zum Säure-Basen-Fasten, denn es werden keine säurebildenden Lebensmittel zu sich genommen. Ein einzelner Smoothie sollte ungefähr 250–350 ml messen und wird in kleinen Schlucken oder mit dem Löffel zu sich genommen. Es ist empfehlenswert, jeden Schluck gut zu »kauen« und einzuspeicheln. Das unterstützt die Verdauung, hilft bei der Entlastung des Magens und das Sättigungsgefühl setzt schneller ein.

Die edlen Getränke können in jeder Stufe einer Fastenkur eingesetzt werden, je nach individueller Verordnung. Es ist wichtig, zusätzlich über den Tag verteilt mindestens 2 Liter qualitativ hochwertiges Quellwasser, Kräutertee oder Gemüsebrühe zu trinken, um so die Ausleitung von Giftstoffen zu unterstützen.

Längeres Fasten mit Smoothies sollten Sie nur unter fachkundiger Anleitung und ärztlicher Überwachung durchführen, um den optimalen Effekt für Ihre Gesundheit zu erreichen.

Dattel-Orangen-Smoothie

ZUTATEN
für 1 Smoothie:

2 Handvoll Feldsalat
1 Handvoll Rucola
3 Datteln
1 Stück Ananas
½ Orange
¼ Grapefruit
200–300 ml stilles Quellwasser
Eiswürfel nach Belieben

1. Feldsalat und Rucola waschen und putzen, die Datteln entsteinen.
2. Die Ananas schälen und den harten Strunk mit einem scharfen Messer keilförmig herausschneiden. Die Augen großzügig entfernen und ein Stück Fruchtfleisch abschneiden.
3. Die Orange und die Grapefruit schälen und halbieren bzw. vierteln.
4. Alle Zutaten in einen Mixer geben, pürieren und löffeln, um ein gutes Sättigungsgefühl zu erreichen.

Apfel-Kokos-Smoothie

ZUTATEN
für 1 Smoothie:

3 Handvoll Feldsalat
½ Banane
½ Apfel
1 kleines Stück Ingwer
200 ml Kokoswasser
Eiswürfel nach Belieben

1. Den Feldsalat waschen und putzen, die Bananenhälfte schälen, Apfel waschen, halbieren und das Kerngehäuse entfernen.
2. Zusammen mit dem Ingwer und dem Kokoswasser in einen Mixer geben, pürieren und löffeln, um ein gutes Sättigungsgefühl zu erreichen.

Grünkohl-Dattel-Smoothie

ZUTATEN
für 1 Smoothie:

4 große Blätter Grünkohl, Strunk herausgeschnitten
½ Banane
½ Apfel
2 Zweige Petersilie
2 Datteln
200 ml stilles Quellwasser
Eiswürfel nach Belieben

1. Die Grünkohlblätter gründlich waschen, die festen Stängel entfernen und die Blätter grob hacken.
2. Bananenhälfte schälen, Apfel waschen, halbieren und das Kerngehäuse herausschneiden.
3. Petersilie waschen, Datteln entsteinen.
4. Alle Zutaten in einen Mixer geben, pürieren und löffeln, um ein gutes Sättigungsgefühl zu erreichen.

Ananas-Spinat-Smoothie

ZUTATEN
für 1 Smoothie:

3 Handvoll Babyspinat
1 Scheibe Ananas
Saft von ½ Zitrone
¼ Apfel
200 ml stilles Quellwasser
Eiswürfel nach Belieben

1. Spinat waschen und putzen, Ananas schälen und den harten Strunk mit einem scharfen Messer keilförmig herausschneiden. Die Augen großzügig entfernen und eine Scheibe Fruchtfleisch abschneiden.
2. Eine Zitronenhälfte auspressen, den Apfel waschen, vierteln und das Kerngehäuse herausschneiden.
3. Alle Zutaten in einen Mixer geben, pürieren und löffeln, um ein gutes Sättigungsgefühl zu erreichen.

Grünkohl-Birnen-Smoothie

ZUTATEN
für 1 Smoothie:

4 große Blätter Grünkohl, Strunk herausgeschnitten
½ Orange
½ Apfel
½ Birne
1 kleines Stück Ingwer, je nach Geschmack
300 ml stilles Quellwasser
Eiswürfel nach Belieben

1. Die Grünkohlblätter gründlich waschen, die festen Stängel entfernen und die Blätter grob hacken.
2. Die Orange schälen und halbieren, Apfel und Birne waschen, halbieren und die Kerngehäuse herausschneiden.
3. Alle Zutaten in einen Mixer geben, pürieren und löffeln, um ein gutes Sättigungsgefühl zu erreichen.

FLOUR
400 g
300 g
200 g
100 g
LIQUID
700 ml
600 ml
500 ml
400 ml

Brokkoli-Apfel-Bowl

ZUTATEN
für 1 Portion:

1 Handvoll Brokkoliröschen
1 TL Leinsamen plus
½ EL Leinsamen zum Garnieren
½ Gartengurke
½ Apfel
1 Dattel
400 ml Hafermilch

1. Brokkoli waschen, Gurke waschen und in grobe Stücke schneiden.
2. Apfel waschen, halbieren und das Kerngehäuse herausschneiden. Dattel entkernen.
3. Geben Sie alle Zutaten in einen Mixer und verfeinern Sie Ihre Bowl mit einer Zugabe von Zutaten »als Topping«.

Mangold-Avocado-Bowl

ZUTATEN
für 1 Portion:

4 Blätter Mangold
½ Avocado
2 Rosenkohlröschen
½ Apfel
½ Banane
300 ml feines Quellwasser
1 EL Sonnenblumenkerne zum Garnieren

1. Mangold putzen, waschen, abtropfen lassen. Mangoldstiele abschneiden und anderweitig, z. B. für eine Suppe, verwenden. Mangoldgrün grob schneiden.
2. Avocado der Länge nach aufschneiden, Kern entfernen und Fruchtfleisch von der Schale herauslösen.
3. Rosenkohl waschen. Die äußeren Blätter entfernen und die holzigen Enden abschneiden. Evtl. klein schneiden.
4. Apfel waschen, halbieren und das Kerngehäuse herausschneiden, die Bananenhälfte schälen.
5. Geben Sie alle Zutaten in einen Mixer und verfeinern Sie Ihre Bowl mit einer Zugabe von Zutaten »als Topping«.

Kohlrabi-Birnen-Bowl

ZUTATEN
für 1 Portion:

4 Kohlrabiblätter, ohne Strunk
1 Avocado
½ Birne
½ Gartengurke
1 Stück Ingwer
300 ml Quellwasser
1 EL Kürbiskerne zum Garnieren

1. Kohlrabiblätter waschen, Strunk entfernen und grob hacken. Avocado der Länge nach aufschneiden, Kern entfernen und Fruchtfleisch von der Schale herauslösen.
2. Birne und Gurke waschen und halbieren. Bei der Birne das Kerngehäuse entfernen.
3. Geben Sie alle Zutaten in einen Mixer und verfeinern Sie Ihre Bowl mit einer Zugabe von Zutaten »als Topping«.

Avocado-Rucola-Bowl

ZUTATEN
für 1 Portion:

2 Handvoll Feldsalat
1 Handvoll Rucola
4–5 Basilikumblätter
½ Avocado
½ Gartengurke
150 ml Kokosmilch
300 ml Quellwasser
1 Schuss Limettensaft
3 Eiswürfel
1 EL Alfalfasprossen zum Garnieren

1. Feldsalat, Rucola und Basilikum waschen und verlesen. Avocado der Länge nach aufschneiden, Kern entfernen und Fruchtfleisch von der Schale herauslösen.
2. Gurke ebenfalls waschen und halbieren.
3. Geben Sie alle Zutaten in einen Mixer und verfeinern Sie Ihre Bowl mit einer Zugabe von Zutaten »als Topping«.

Kiwi-Grünkohl-Smoothie

ZUTATEN
für 1 Portion:

3 Blätter Grünkohl
1 EL Kokosmus
½ Banane
1 Kiwi
2 Datteln
250 ml Kokoswasser
Kokosflocken zum Garnieren

1. Die Grünkohlblätter gründlich waschen, die festen Stängel entfernen und die Blätter grob hacken.
2. Bananenhälfte und Kiwi schälen. Datteln entsteinen.
3. Alle Zutaten in einen Mixer geben, pürieren, garnieren und löffeln, um ein gutes Sättigungsgefühl zu erreichen.

Kokos-Grünkohl-Smoothie

ZUTATEN
für 1 Portion:

2–3 Blätter Grünkohl
1 EL Kokosmus
½ Banane
1 Scheibe Ananas
1 Schuss Limettensaft
200 ml Quellwasser
Kokosflocken zum Garnieren

1. Die Grünkohlblätter gründlich waschen, die festen Stängel entfernen und die Blätter grob hacken.
2. Bananenhälfte schälen. Ananas ebenfalls schälen und den harten Strunk mit einem scharfen Messer keilförmig herausschneiden. Die Augen großzügig entfernen und eine Scheibe Fruchtfleisch abschneiden.
3. Alle Zutaten in einen Mixer geben, pürieren, garnieren und löffeln, um ein gutes Sättigungsgefühl zu erreichen.

Ananas-Bananen-Smoothie

ZUTATEN
für 1 Portion:

3 Handvoll Feldsalat
½ Banane
1 Scheibe Ananas
250 ml Kokoswasser
geröstete Sonnenblumenkerne zum Garnieren

1. Feldsalat waschen und putzen. Bananenhälfte schälen.
2. Ananas ebenfalls schälen und den harten Strunk mit einem scharfen Messer keilförmig herausschneiden. Die Augen großzügig entfernen und eine Scheibe Fruchtfleisch abschneiden.
3. Sonnenblumenkerne in einer Pfanne ohne Öl kurz anrösten.
4. Alle Zutaten in einen Mixer geben, pürieren, garnieren und löffeln, um ein gutes Sättigungsgefühl zu erreichen.

Apfel-Spinat-Smoothie

ZUTATEN
für 1 Portion:

2 Handvoll Spinat
½ Banane
½ Apfel
1 EL Mandeln
250 ml Hafermilch
Mandelstifte zum Garnieren

1. Spinat waschen und putzen. Bananenhälfte schälen.
2. Apfel waschen, halbieren und das Kerngehäuse herausschneiden. Mandeln evtl. grob zerkleinern.
3. Alle Zutaten in einen Mixer geben, pürieren, garnieren und löffeln, um ein gutes Sättigungsgefühl zu erreichen.

Suppen- oder Saft-FASTEN

Beim Suppen- bzw. Saft-Fasten wird auf feste Nahrung verzichtet. Im Vergleich zum Heilfasten nach Buchinger versorgen die Suppen und Säfte Ihren Körper aber mit deutlich mehr Nährstoffen. Optimal ist hier eine Zeitspanne von zehn Tagen, in denen Sie dreimal täglich ein bis zwei Teller Gemüsesuppe oder Frucht- und Gemüsesäfte zu sich nehmen. Der Vorteil hier ist die einfache Handhabung, da sich Suppen sehr gut vorkochen lassen und sie diese dann überall mit hinnehmen können.

Wichtig ist, dass die Suppen aus basisch wirkenden Bestandteilen zubereitet werden, um den optimalen Effekt zu erzielen. Nur zur Erinnerung: Basisch bedeutet, dass auf tierische Produkte wie Fleisch, Fisch, Milch, Sahne und Eier verzichtet wird. Außerdem ist es eine gute Alternative für jene, die sich mit grünen Smoothies aus Blattgemüsen so gar nicht anfreunden können. Dadurch, dass Suppen im Gegensatz zu Smoothies warm gegessen werden, kommen diese Rezepte jenen entgegen, deren Verdauung sich mit Rohkost oder kalten Nahrungsmitteln schwertut.

Wenn es allerdings um den Vergleich von Gemüsesaft mit grünen Smoothies geht, ist mein Favorit definitiv Letzteres. Zum einen, weil es relativ aufwendig ist, Gemüsesäfte frisch selbst herzustellen, wenn man nicht gerade einen guten Entsafter zu Hause hat. Oft wird dann doch auf gekaufte Säfte zurückgegriffen, deren Nährstoffgehalt deutlich unter dem eines frischen Smoothies liegt. Dieser ist in der Regel einfacher herzustellen, da Smoothiemixer deutlich günstiger zu erwerben sind und sich inzwischen schon in sehr vielen Haushalten befinden. Zum anderen präferiere ich Smoothies, da ich ein absoluter Fan von Ballaststoffen bin, die sich im Fruchtfleisch befinden, welches beim Entsaften herausgefiltert wird. Sie werden im Verlauf des Buches noch feststellen, warum mir diese kleinen Ballaststoffteilchen so wichtig sind. Auch hier gilt wieder: 2 Liter Flüssigkeit zusätzlich zuführen, entweder in Form von qualitativ hochwertigem Quellwasser oder Kräutertees. Zusammenfassend kann man sagen, dass auch diese Form des Fastens nährstoffreich, basisch und damit gesundheitlich unbedenklich ist.

Die Entlastungssuppe

Zwei bis drei Tage nur Suppe – das gibt Ihnen super viel Energie! Eine Entlastungssuppe ist im Gegensatz zu einem Eintopf eine Gemüsesuppe, die bissfestes Gemüse als Einlage hat und fast klar ist. Bei einem Eintopf sind die Gemüse und Einlagen meistens stark zerkocht. Dadurch löffelt man meist nur noch. Bei unserer Entlastungssuppe wird die Brühe gelöffelt, das Gemüse hingegen wird noch gekaut. Dadurch entsteht ein anders Essverhalten und ein besseres Sättigungsgefühl. Durch das Kauen werden die Lebensmittel im Mund durch Enzyme leicht vorverdaut, was den Magen entlastet und zu einer besseren Verwertung der Inhaltsstoffe führt. Weil der Körper Giftstoffe ausschwemmt, wird Ihre Haut reiner, Ihre Laune steigt und damit auch die Lust auf mehr Bewegung.

Die Entlastungssuppe wird an den beiden Entlastungstagen vor der eigentlichen Fastenkur dreimal täglich gegessen. Das gibt Energie und Power. Sie sollten auf jeden Fall satt sein, daher können Sie so viel davon essen wie Sie möchten. In der Regel sind das zwei Portionen.

Als Getränk an den Entlastungstagen stehen zur Auswahl Wasser ohne Kohlensäure, am besten hochwertiges Wasser aus der Glasflasche, oder Kräutertees, warm oder kalt. Auch Wasser mit frischem Ingwer oder frischer Zitrone aromatisiert kann warm oder kalt den ganzen Tag über getrunken werden.

Die Suppe können Sie gut für die Kur vorbereiten. Im Kühlschrank hält sie sich einige Tage. Sie kann auch portionsweise in Einmachgläser abgefüllt und im Kühlschrank aufbewahrt werden. Am besten verwenden Sie Bio-Produkte. Gemüse aus konventionellem Anbau ist sehr stark durch Pestizide und Fungizide belastet. Falls Sie allerdings doch konventionell angebautes Gemüse verwenden möchten, sollte es sehr gut abgewaschen oder geschält werden.

ZUTATEN

für ca. 6 Portionen:

1 Knolle Sellerie
1 Bund Karotten
3 große Kartoffeln
1 Knolle Fenchel
1 Knoblauchzehe
2 Zwiebeln
1 EL Kokosöl
2 l Bio-Instant-Gemüsebrühe
1 große Zucchini
Steinsalz
Pfeffer
Chilipulver
1 Bund Petersilie
1 Bund Koriander

1. Sellerie, Karotten, Kartoffeln und Fenchel waschen, putzen und je nach Qualität schälen. In mundgerechte Stücke schneiden. Knoblauch und Zwiebeln schälen und die Zwiebel fein würfeln.
2. Die Zwiebeln mit Kokosöl in einem Topf glasig anschwitzen. Nun die vorbereiteten Gemüsestücke dazugeben und ebenfalls kurz anschwitzen. Anschließend mit der Gemüsebrühe aufgießen, aufkochen und ungefähr 10–15 Minuten köcheln lassen, bis das Gemüse bissfest ist.
3. Die Zucchini waschen, Enden abschneiden und in etwas dickere Scheiben schneiden und mit der zerdrückten Knoblauchzehe zur Suppe geben. Die Herdplatte ausschalten, den Deckel auf den Topf setzen und die Suppe für weitere 20 Minuten ziehen lassen. Mit Steinsalz, Pfeffer und Chilipulver abschmecken.
4. Der Clou zur Aufbewahrung der Suppe, wenn man sie über mehrere Tage genießen möchte, ist, das Gemüse abzuschöpfen und separat in einem Behältnis im Kühlschrank aufzubewahren. Portionsweise kann dann das Gemüse mit der Brühe gemeinsam erwärmt werden.
5. Zum Garnieren Petersilie und/oder Koriander waschen, trocken schütteln, fein hacken und über die Suppe geben.
6. Das Rezept lässt sich natürlich ganz einfach variieren. Wer mag, gibt z. B. noch frischen Ingwer, Kurkuma, Brokkoli oder Erbsen hinzu (diese aber erst spät, so wie die Zucchini). Ein Schuss Kokosmilch verleiht der Suppe einen asiatischen Touch.

Brennnessel-Kartoffel-Suppe

ZUTATEN
für 2 Portionen:

25 Triebe Brennnesseln
1 Zwiebel
1 Knoblauchzehe
1 Karotte
½ Stange Lauch
40 g Kokosfett
2 festkochende Kartoffeln
1 ½ l Gemüsefond
Steinsalz
Pfeffer
getrocknetes, zerkleinertes Ysop (Eisenkraut; aus dem Bio-Supermarkt)
etwas frisch geriebener Meerrettich

1. Die Brennnesseln vorsichtig abwaschen und trocken tupfen. Zwiebel und Knoblauch schälen und würfeln. Karotte und Lauch waschen, putzen, in kleine Stücke schneiden und zusammen mit Zwiebeln und Knoblauch in einem Topf mit dem Fett anschwitzen, bis die Zwiebelstücke glasig und leicht bräunlich sind.
2. Die Kartoffeln waschen, schälen, klein schneiden und in den Topf hineingeben. Nach etwa 1 Minute mit dem Gemüsefond ablöschen, kurz aufkochen und 25 Minuten köcheln lassen.
3. In der Zwischenzeit die Brennnesseln grob klein schneiden, in den Topf geben und weitere 10 Minuten mit köcheln lassen. Vom Herd nehmen, mit einem Stabmixer pürieren, mit Salz, Pfeffer sowie den Kräutern abschmecken und mit Meerrettich garnieren.

Bärlauchsuppe

ZUTATEN
für 2 Portionen:

400 g Bärlauch plus ein paar weitere Blätter zum Garnieren
2 Zwiebeln
2 frische Knoblauchzehen
4 mittelgroße Kartoffeln
¼ Knolle Sellerie
2 Karotten
1 EL Rapsöl oder anderes Pflanzenöl
1 l Gemüsebrühe
Steinsalz
Pfeffer

1. Den Bärlauch waschen, abtropfen lassen und grob schneiden. Zwiebeln und Knoblauch schälen und fein würfeln. Kartoffeln, Sellerie und Karotten waschen, putzen, schälen und in kleinere Stücke schneiden.

2. Das Öl im Topf erhitzen, die Zwiebeln dazugeben, anschwitzen, und wenn sie etwas Farbe angenommen haben, den Knoblauch dazugeben und kurz mitrösten. Nun mit der Gemüsebrühe ablöschen und Kartoffeln, Sellerie und Karotten dazugeben. Etwa 20 Minuten kochen lassen, bis die Kartoffelwürfel weich sind. Den Bärlauch dazugeben, kurz mit aufkochen lassen und dann alles mit dem Pürierstab pürieren. Mit Salz und Pfeffer abschmecken.

3. Die übrigen Bärlauchblätter in feine Streifen schneiden und zum Garnieren über die Suppe geben.

Power-Kräutersuppe

ZUTATEN
für 2 Portionen:

100 g Zwiebeln
2 Knoblauchzehen
500 g mehligkochende Kartoffeln
Pflanzenöl zum Anbraten
1 l Gemüsebrühe
Steinsalz
Pfeffer
frisch geriebene Muskatnuss
50 g gemischte Kräuter: z. B. Kerbel, Sauerampfer, Estragon, Pimpinelle, Liebstöckel (mein Tipp: Fragen Sie Ihren Gemüsehändler nach den Zutaten für die berühmte Frankfurter grüne Soße, dann bekommen Sie alles auf einmal.)
Sonnenblumenkerne

1. Zwiebeln und Knoblauch schälen und fein würfeln. Kartoffeln waschen, schälen und in Stücke schneiden. Die Zwiebeln mit dem Knoblauch in etwas Öl anschwitzen und glasig dünsten. Dann die Kartoffeln dazugeben und nach kurzer Zeit mit der Gemüsebrühe ablöschen. Alles aufkochen und dann für etwa 15 Minuten köcheln lassen. Mit Steinsalz, Pfeffer und Muskat würzen.

2. Die Kräuter waschen und trocken schütteln. Nach Belieben die Blätter von den Stielen zupfen, die Hälfte der Blätter hacken, zur Suppe geben und kurz mitkochen. Anschließend alles pürieren.

3. Vom Herd nehmen und die andere Hälfte der Kräuter mit einer Schere fein in den Suppentopf schneiden und unterheben. Zum Anrichten die Sonnenblumenkerne darüberstreuen.

Karottensuppe mit Ingwer

Die perfekte Kombination aus fruchtiger Süße und pikanter Würze.

ZUTATEN
für 2 Portionen:

500 g Karotten
50 g Zwiebel
1 Knoblauchzehe
15 g Ingwer
1 kleine Chilischote
2 EL Pflanzenöl
¾ l Gemüsefond
200 g Kohlrabi
1 TL Currypulver
Steinsalz
Pfeffer
2 EL geröstete Sonnenblumenkerne
etwas Koriander (nach Belieben)

1. Karotten, Zwiebeln, Knoblauch und Ingwer schälen. Die Chilischote halbieren, die Trennwände und Samen entfernen und in Ringe schneiden. Karotten, Zwiebeln und Knoblauch klein schneiden. Das Pflanzenöl in einem großen Topf erhitzen und Zwiebeln und Knoblauch kurz anschwitzen. Dann die Karotten und die Chiliringe dazugeben. Den Ingwer fein reiben, hinzufügen und alles mit Gemüsefond aufgießen. Für etwa 20 Minuten bei reduzierter Hitze köcheln lassen.
2. In der Zwischenzeit den Kohlrabi schälen und in 1 cm große Würfel schneiden. Die Suppe mit dem Stabmixer grob pürieren, dann die Kohlrabiwürfel einlegen und alles nochmals für etwa 8–10 Minuten köcheln lassen. Mit Currypulver, Steinsalz und Pfeffer abschmecken. Anrichten und mit den gerösteten Sonnenblumenkernen und nach Belieben Koriander garnieren.

Karottensuppe à la Moro

ZUTATEN
für 6 Portionen:

500 g Karotten
Steinsalz

1. Die Karotten waschen, schälen und in Scheiben schneiden. 1 l Wasser in einen großen Topf geben, die Karotten hinzugeben und aufkochen. Mindestens 1 Stunde, gerne auch 1 ½ Stunden, köcheln lassen.
2. Den entstandenen Brei durch ein Sieb streichen und pürieren. Die Masse wieder mit heißem Wasser auf 1 l auffüllen und mit etwa 3 g Steinsalz abschmecken.
3. Die Suppe sollte über den Tag verteilt eingenommen werden, gerne 2–3 Tage lang. Die Suppe ist für Kinder ab einem halben Jahr geeignet (für unter 1-Jährige lassen Sie das Salz einfach weg). Sie ist gut essbar und schmeckt leicht süßlich, denn die konzentrierten und reduzierten Karotten entwickeln durch die in ihnen enthaltenen Kohlenhydrate eine feine natürliche Süße.

Spezial-Tipp zur Darmgesundheit: altes Wissen neu entdeckt

Warum sollten Karotten in unserer Ernährung nicht fehlen?
Die in der Karotte enthaltenen, speziellen Kohlenhydrate verhindern, dass sich Bakterien an die Darmschleimhaut heften. Schon Ernst Moro, ein renommierter Kinderarzt (1874–1951) und Ordinarius für Kinderheilkunde, hat Anfang des 20. Jahrhunderts eine spezielle Suppe aus Karotten entwickelt, die bei Durchfallerkrankungen für Kinder, Erwachsene oder sogar Haustiere gleichermaßen heilsam ist.

Basen-
FASTEN

Eigentlich ist es ganz einfach. Halten Sie drei Mahlzeiten am Tag ein. Dafür können Sie alle Rezepte aus dem Hauptteil mit den Rezepten für Suppen und für Smoothies frei miteinander kombinieren. Natürlich sind Ihrer Fantasie für Eigenkreationen keine Grenzen gesetzt, solange sie Nahrungsmittel verwenden, die basisch verstoffwechselt werden (siehe Tabelle auf Seite 39). Halten Sie die Essenspausen von 4–5 Stunden zwischen den Mahlzeiten bitte ein, damit der Körper ausreichend Zeit hat, alles zu verdauen. Führen Sie pro Tag zusätzlich mindestens 2 Liter qualitativ hochwertiges Quellwasser oder Kräutertee zu, um die Entgiftung zu unterstützen.

Verzichten Sie zudem bitte auf Genussmittel wie Alkohol, Zucker, Gluten, Nikotin und sämtliche Nahrungsmittel, die sauer verstoffwechselt werden. Nehmen Sie am ersten Tag der Fastenkur morgens auf nüchternen Magen Glauber- oder Bittersalz ein und führen Sie ab dem zweiten Tag täglich einen Einlauf durch (klären Sie bitte unbedingt vorher mit Ihrem Arzt/Ihrer Ärztin ab, ob Einläufe für Sie geeignet sind). Wie Sie einen Einlauf durchführen und worauf Sie achten sollten, erfahren Sie auf Seite 19.

Unterstützend kann dann täglich ein gehäufter Teelöffel Heidelberger Pulver eingenommen werden, um die Entschlackung zusätzlich zu fördern. Ideal für Basenfasten sind 1–2 Wochen. Beendet werden sollte die Kur sanft mit dem sogenannten »Fastenbrechen«. Im Anschluss sollte die Ernährung so umgestellt sein, dass die Nahrung zu 80 % aus basenbildenden und zu 20 % aus leicht säurebildenden und säurebildenden Lebensmitteln besteht. Dies ist sinnvoll, weil auch in einigen säurebildenden Lebensmitteln, wie zum Beispiel Hülsenfrüchten, wichtige Nährstoffe enthalten sind, die unser Körper braucht.

Das »Fastenbrechen«

Die letzte Phase des Fastens ist das sogenannte »Fastenbrechen«. Dies dient der Umstellung zurück auf Vollwertkost, bestehend aus 80 % basenbildenden und 20 % (leicht) säurebildenden Lebensmitteln. Sie sollte langsam, stufenweise und über mehrere Tage erfolgen, damit eine verstärkte Produktion von Verdauungssäften im Magen-Darm-System langsam wieder angeregt wird. Geeignete Lebensmittel für die Aufbautage sind Äpfel, Gemüse und Kartoffelsuppe sowie milde Rohkostsalate.

Sie sollten weiterhin viel Flüssigkeit zu sich nehmen, um Bauchschmerzen bis hin zu starken Magenkrämpfen vorzubeugen. Hören Sie hierbei auf Ihr Bauchgefühl und Ihr körperliches und psychisches Befinden. Entscheiden Sie anhand dessen von Tag zu Tag aufs Neue, inwieweit Sie die Nahrungszufuhr hin zur Vollwertkost steigern können. Lassen Sie während Ihrer Kur die Seele baumeln.

WOCHENPLAN FÜR EINE WOCHE BASENFASTEN

So könnte eine Woche Basenfasten mit Einleitungstagen und Aufbautagen für Sie aussehen. Natürlich lässt sich das Basenfasten auch ausdehnen auf zwei Wochen. Lesen Sie sich bitte alle Tipps und Hinweise (vor allem zum Einlauf) in den entsprechenden Kapiteln gründlich durch, bevor Sie starten. Optimal ist es, wenn Sie bereits eine Woche vor Start das Fasten mit Tees einleiten. Hierfür finden Sie Rezepte ab Seite 33.

Tauschen Sie Rezepte, die Ihnen nicht zusagen, gerne aus und kochen Sie (vor allem von den Suppen) gerne gleich mehr, damit Sie auch noch für den nächsten oder übernächsten Tag versorgt sind!

Nach der Fastenwoche empfiehlt es sich, viele Bitterstoffe, gerne auch das Heidelberger Pulver (siehe Seite 36) zu sich zu nehmen.

	Frühstück	**Mittagessen**	**Abendessen**	**Getränke**	**Sonstiges (z. B. Einlauf, Bewegung ...)**
1. Einleitungstag	Entlastungssuppe	Entlastungssuppe	Entlastungssuppe	2 Liter Wasser und/oder Kräutertee	Bewegung siehe S. 142
2. Einleitungstag	Entlastungssuppe	Entlastungssuppe	Entlastungssuppe	2 Liter Wasser und/oder Kräutertee	
Ausleitungstag	Dattel-Orangen-Smoothie (S. 44)	Polenta-Burger (S. 106–107)	Brennnessel-Kartoffel-Suppe (S.76)	2 Liter Wasser und/oder Kräutertee	Am besten Urlaub nehmen! Glaubersalz oder Bittersalz plus Einlauf Bewegung siehe S. 142
1. Fastentag	Apfel-Kokos-Smoothie (S. 47)	Kohlrabi gefüllt mit Brokkoli-Kürbis-Soße mit Roter Quinoa (S. 109)	Brokkoli-Apfel-Bowl (S. 55)	2 Liter Wasser und/oder Kräutertee	Optional Einlauf Bewegung siehe S. 142
2. Fastentag	Grünkohl-Dattel-Smoothie (S. 48)	Basenbrot (S. 114) mit Tapenade (S. 122)	Karottensuppe mit Ingwer (S. 83)	2 Liter Wasser und/oder Kräutertee	Optional Einlauf Bewegung siehe S. 142
3. Fastentag	Ananas-Spinat-Smoothie (S. 51)	Mangold-Avocado-Bowl (S. 56)	Karottensuppe mit Ingwer (S. 83)	2 Liter Wasser und/oder Kräutertee	Optional Einlauf Bewegung siehe S. 142

	Frühstück	Mittagessen	Abendessen	Getränke	Sonstiges (z. B. Einlauf, Bewegung ...)
4. Fastentag	Grünkohl-Birnen-Smoothie (S. 52)	Romanesco auf Spinat mit Pilzen, Sesam und Kartoffeln (S. 110)	Bärlauchsuppe (S. 79)	2 Liter Wasser und/oder Kräutertee	Optional Einlauf Bewegung siehe S. 142
5. Fastentag	Dattel-Orangen-Smoothie (S. 44)	Chinakohl-Rouladen mit Hummus und gebratenen Pilzen (S. 118)	Bärlauchsuppe (S. 79)	2 Liter Wasser und/oder Kräutertee	Optional Einlauf Bewegung siehe S. 142
6. Fastentag	Apfel-Kokos-Smoothie (S. 47)	Zucchini-Spaghetti mit Primavera-Salat und Bärlauchpesto (S. 126)	Karottensuppe à la Moro (S. 84)	2 Liter Wasser und/oder Kräutertee	Optional Einlauf Bewegung siehe S. 142
7. Fastentag	Grünkohl-Dattel-Smoothie (S. 48)	Paprikafilets mit Quinoasalat (S. 129)	Karottensuppe à la Moro (S. 84)	2 Liter Wasser und/oder Kräutertee	Optional Einlauf Bewegung siehe S. 142
1. Aufbautag	Ananas-Spinat-Smoothie (S. 51)	Artischocke mit Petersilien- oder Koriander-Dip (S. 104)	Kohlrabi-Birnen-Bowl (S. 59)	2 Liter Wasser und/oder Kräutertee	Bewegung siehe S. 142
2. Aufbautag	Grünkohl-Birnen-Smoothie (S. 52)	Karottensalat mit Walnüssen (S. 96)	Power-Kräutersuppe (S. 80)	2 Liter Wasser und/oder Kräutertee	Bewegung siehe S. 142
3. Aufbautag	Grünkohl-Dattel-Smoothie (S. 48)	Orangen-Fenchel-Salat mit gerösteten Pinienkernen (S. 95)	Power-Kräutersuppe (S. 80)	2 Liter Wasser und/oder Kräutertee	Bewegung siehe S. 142

Eine wichtige Grundlage für Suppen, Soßen, Dips, Dressings und Beilagen sind vorgekochte Kartoffeln. Kochen Sie einmal in der Woche 1 kg ungeschälte Kartoffeln und bewahren Sie sie im Kühlschrank auf. Auf diese Weise können Sie sich das Leben enorm erleichtern. Diese vielleicht für Sie noch etwas ungewöhnliche Haushaltsplanung spart Zeit, Geld und gibt Ihnen die Möglichkeit, auf ungesunde Zusatzlebensmittel zu verzichten.

Gurken-Erdbeer-Dill-Salat mit Kapuzinerkresse

Leichter geht es nicht, sowohl in der Zubereitung als auch beim Nährwert. Süß, fruchtig, herzhaft und scharf dank Gurke, Erdbeere, Dill, Basilikum und Kapuzinerkresse. Diese Kombination ist großartig.

ZUTATEN

für 4 Portionen:

- 3–4 Bio-Gartengurken
- 400–500 g Bio-Erdbeeren
- 3 Stiele Dill
- 3–4 Blätter Kapuzinerkresse
- 2 Stiele Basilikum mit vielen Blättern
- Saft von ½ Zitrone
- 1 TL Agavendicksaft
- 1 EL naturtrüber, ungesüßter Apfelsaft
- 2 EL Kürbiskernöl in sehr guter Qualität
- Steinsalz
- etwas Zitronenabrieb
- Pfeffer
- 1 Blüte von der Kapuzinerkresse
- 2 EL Kürbiskerne

1. Salatgurken und Erdbeeren waschen, putzen und klein schneiden, dabei die Schale der Gurken nicht abschälen und auch das Kerngehäuse nicht entfernen. Dill waschen, trocken schütteln und mittelfein schneiden. Kapuzinerkresse waschen und trocken schütteln. Basilikum ebenfalls waschen, trocken schütteln und die Blätter abzupfen.
2. Zitronensaft, Agavendicksaft, Apfelsaft, Kürbiskernöl und Steinsalz verrühren oder mixen. Den Zitronenabrieb über die Erdbeeren und Gurken geben und zusammen mit dem Dill unterheben. Die Kapuzinerkresseblätter auf einem etwas tieferen Teller auslegen, den Salat darauf anrichten und das Dressing darübergeben. Mit Pfeffer abschmecken und mit der Blüte, die mitgegessen werden kann, dem Basilikum und den Kürbiskernen garnieren.

Orangen-Fenchel-Salat mit gerösteten Pinienkernen

Fit in den Frühling und Sommer mit dieser Vitamin-C-Bombe! Fenchel enthält doppelt so viel Vitamin C wie eine Orange. und auch die rote Zwiebel ist reich an Vitamin C. Außerdem nehmen Sie mit diesem Salat die Vitamine A, B6 und B7, E, K sowie Folsäure, Eisen, Kalium, Kalzium, Magnesium, Mangan und viele Antioxidantien zu sich. Die vorgekochte Kartoffel sorgt für eine angenehme Sämigkeit des Dressings. Je nach Geschmack können Sie das Dressing mit etwas Agavendicksaft süßen.

ZUTATEN

für 3–4 Portionen:

2 EL Pinienkerne
2 kleine Fenchelknollen (ca. 400 g)
1 rote Zwiebel
2 Bio-Orangen
4 Stiele glatte Petersilie
1 kleine vorgekochte Kartoffel
2 EL Bio-Apfelessig
2 EL Kürbiskernöl
Steinsalz
1 TL Agavendicksaft (nach Belieben)
1 großes Blatt Lollo Rosso
schwarzer Pfeffer aus der Mühle

1. Die Pinienkerne in einer Pfanne ohne Fett goldbraun rösten. Fenchel waschen, putzen und den inneren Strunk kreisförmig entfernen. Die oberen Fencheläste werden mitverarbeitet. Fenchel mit einem Hobel in feine Streifen hobeln. Zwiebel schälen, halbieren und ebenfalls in sehr feine Streifen hobeln.
2. Für die Vinaigrette Orangen waschen und trocken tupfen. Die Schale mit einem Zestenreißer in dünnen Streifen abziehen. Die Schalenreste und die weiße Innenhaut entfernen. Nun die Filets zwischen den Trennhäuten mit einem Messer herauslösen, den Saft dabei auffangen. Auch den restlichen Saft aus den Trennhäuten drücken. Petersilie waschen und trocken schütteln. Blättchen fein hacken oder dünn schneiden. Die vorgekochte Kartoffel schälen und mit dem Apfelessig, dem Orangensaft, dem Kürbiskernöl, der Hälfte der Petersilie, den Orangenzesten, einer Prise Steinsalz und nach Belieben dem Agavendicksaft in den Mixer geben und zu einem sämigen Dressing mixen.
3. Das Salatblatt waschen, trocken tupfen und auf einen Teller legen. Fenchel und Zwiebel darauf drapieren und das Dressing darübergeben. Zum Schluss Orangenfilets, Pinienkerne und restliche Petersilie oben drauflegen und mit Steinsalz und frisch gemahlenem Pfeffer abschmecken.

Karottensalat mit Walnüssen

Ein Gedicht! Es ist so einfach wie es klingt, schnell gemacht und sehr lecker. Und eben weil dieser Salat so simpel ist, ist er etwas von der Bildfläche verschwunden, weil wir immer denken, mehr ist mehr. Aber diese zwei Zutaten – Karotte und Walnuss – liefern sowohl für den Geschmack als auch für die Nährstoffliste alles, was wir brauchen. Die Karotten ohne Schale machen den Salat weniger bitter, obwohl wir bei anderen Rezepten gerne die Bitterstoffe behalten. Dadurch, dass die Karotten gerieben werden, tritt der Saft der Karotten aus und in Verbindung mit dem Öl können wir das Beta-Carotin (Provitamin A) aufnehmen, und der Geschmack wird besonders intensiv. Sie werden sehr satt von diesem Salat und werden neue Geschmacksrichtungen der Karotte kennenlernen.

ZUTATEN

für 3–4 Portionen:

- 6 Karotten
- 6 halbe Walnüsse, klein zerstoßen
- Bio-Rapsöl (in feiner Qualität, am besten aus der Glasflasche)
- unpasteurisierter Bio-Apfelessig
- 1 Prise Steinsalz

Karotten waschen, schälen und raspeln. Walnüsse klein zerstoßen. Beides mit Rapsöl, Essig und Salz vermengen und genießen.

Süß-würziger Karottensalat mit Ingwer, Kürbiskernen und Orangen-Dattel-Dressing

ZUTATEN
für 3–4 Portionen:

300 g Karotten
1 Apfel
20 g Ingwer
1 Orange (ohne Kerne)
4 EL Apfelsaft
2 EL Zitronensaft
2 EL Apfelessig
2 EL hochwertiges Pflanzenöl
2 Datteln (ohne Stein)
schwarzer Pfeffer aus der Mühle
Steinsalz
Kürbiskerne (nach Belieben)

Die Karotten schälen. Den Apfel waschen, Kerngehäuse entfernen. Beides fein raspeln. Den Ingwer ebenfalls schälen und klein reiben und zu der Karotten-Apfel-Mischung geben. Die Orange schälen und in kleine Würfel schneiden und zum Salat geben. Apfel- und Zitronensaft, Apfelessig sowie Öl, Datteln, Pfeffer und Salz im Mixer zu einem leckeren Dressing vermischen und über den Salat geben. Nach Belieben mit Kürbiskernen garnieren.

Wassermelonen-Salat mit Chicorée, Frühlingzwiebeln, Karotten und Minze

ZUTATEN
für 3–4 Portionen:

1 mittelgroße Wassermelone
2 Chicorée
2 Frühlingzwiebeln
2 Karotten
Steinsalz
schwarzer Pfeffer aus der Mühle
2–3 EL unpasteurisierter Bio-Apfelessig
2–3 EL Rapsöl oder Sonnenblumenöl (in sehr guter Qualität)
2–3 Stiele Minze
Sonnenblumenkerne

1. Die Melone halbieren, das Fruchtfleisch herausschneiden, in Würfel schneiden und in eine Schüssel geben. Eine leere Melonenhälfte beiseite stellen. Den Chicorée und die Frühlingszwiebeln waschen, putzen und in feine Streifen schneiden. Karotten waschen, schälen, fein hobeln und mit Melone, Chicorée und Frühlingszwiebeln zusammen in eine Schüssel geben. Mit Salz und Pfeffer bestreuen, dann Essig und das Öl hinzugeben und alles gut vermengen.

2. Den Salat in der leeren Melonenhälfte anrichten und mit Minze, Sonnenblumenkernen und Pfeffer garnieren.

Selbst gemachte Pommes

Als Snack, Beilage oder auch wie hier als Hauptgericht – Pommes sind immer lecker. Zum Dippen empfehle ich den leckeren Petersilien- oder Koriander-Dip. Die Anleitung hierzu finden Sie bei dem Rezept für die gekochten Artischocken auf der Seite 104.

ZUTATEN

für 4 Portionen:

6–7 große Kartoffeln
6–7 EL Pflanzenöl
Steinsalz
2–3 TL Kümmelpulver (nach Belieben)
2–3 TL Paprikapulver (nach Belieben)

1. Den Ofen auf 200 °C (Umluft 180 °C) vorheizen. Sie können die Kartoffeln schälen oder mit Schale zu Pommes verarbeiten. Am besten mit einer Gemüsebürste kurz unter Wasser schrubben und dann in den Pommesschneider geben oder von Hand in Streifen schneiden. Pommes in einer Schüssel mit dem Öl vermengen und salzen, auf ein Bachblech geben und nach Belieben Kümmel- und/oder Paprikapulver darüber geben.
2. Etwa 20–30 Minuten backen und zwischendurch ein- bis zweimal wenden.

Artischocke mit Petersilien- oder Koriander-Dip

Das essbare Gewächs aus dem Morgenland

ZUTATEN
für 1 Portion:

1 große fleischige Artischocke
1 Bio-Zitrone
50 ml Apfelessig
etwas Steinsalz

FÜR DEN DIP:
2–3 vorgekochte Kartoffeln
1–2 Knoblauchzehen
1 Bund Koriander oder Petersilie
Steinsalz
30 ml Olivenöl
1 Schuss unpasteurisierter Bio-Apfelessig oder Brottrunk

1. Die Spitzen der Blätter oben etwas abschneiden und den Stängel am unteren Ende fruchtnah abschneiden. Die Zitrone waschen und in Scheiben schneiden. Auf beide Enden des Gemüses eine Scheibe Zitrone legen und mit Küchengarn zu einem Paket schnüren. Es ist empfehlenswert, die Schnüre am oberen Ende lang zu lassen, dann kann man die Artischocke später sehr gut aus dem Wasser ziehen und servieren, ohne sich die Finger zu verbrühen. Wasser in einem großen Topf zum Kochen bringen und Essig und Steinsalz hinzugeben. Die Artischocke in das kochende Wasser legen und von Zeit zu Zeit wenden. Sie sollte etwa 30–45 Minuten gekocht werden, je nach Art und Größe.

2. In der Zwischenzeit die Kartoffeln und den Knoblauch für den Dip schälen. Koriander oder Petersilie waschen und trocken schütteln. Alle Zutaten im Mixer gut pürieren. Bis zur Verwendung in den Kühlschrank stellen.

3. Die Artischocke an den Schnüren aus dem Wasser ziehen und auf einem Teller servieren. Die Blätter werden dann nach und nach abgezupft. Zum Essen wird der untere, fleischige Teil eines jeden Blattes mit den Zähnen abgezogen. Diese Methode ist absolut nach Knigge. So wird Blatt für Blatt in den Dip getunkt und »ausgesaugt«. Im Inneren der Artischocke kommen dann nach einer Weile die Distelhaare zum Vorschein, diese werden nicht mitgegessen, sondern mit einem Esslöffel abgekratzt, bis das köstliche, fleischige Artischockenherz zum Vorschein kommt. Schneiden Sie es wie ein Steak und genießen Sie es Bissen für Bissen. Herrlich!

Polenta-Burger

Basischer Burgergenuss: Dieses Rezept ist der Grund, warum mich meine Freunde so gerne besuchen kommen. Kein Scherz, wer es einmal gegessen hat, will es immer wieder. Lange Zeit habe ich keine Polenta zubereitet, denn die heißen, lavaähnlichen Polentaspritzer auf meiner Haut wollte ich nicht mehr in Kauf nehmen. Aber ich gebe ja nicht so schnell auf und war immer auf der Suche nach einer alternativen Zubereitungsart für Polenta, die aber ohne viel Aufwand und Brandblasen auskommt. Polenta kann man prima vorbereiten und über mehrere Tage essen. Sie schmeckt zu allem, ob warm oder kalt. Auch gebraten ist sie köstlich. Deshalb nun hier mein Super-Rezept!

ZUTATEN

für 4 Portionen:

FÜR DIE POLENTA:

1 Zwiebel
1 Knoblauchzehe
4 EL Pflanzenöl (Oliven- oder Rapsöl)
250 g Polenta
1 l Bio-Gemüsebrühe
Steinsalz

FÜR DIE PILZE:

8–10 Austernpilze
Pflanzenöl
Steinsalz

FÜR DEN AUFSTRICH:

4–5 vorgekochte Kartoffeln
100–150 ml Hafermilch
1 EL Rote-Bete-Pulver
Pfeffer

FÜR DEN DIP:

1 Bund Petersilie oder Koriander
3 Knoblauchzehen
Saft von 1 Zitrone
Steinsalz
5 EL Olivenöl

1. Den Backofen auf 160 °C Umluft vorheizen. Zwiebel und Knoblauch schälen, würfeln und in einem ofenfesten Topf mit Deckel mit dem Öl anschwitzen. Anschließend die Polenta dazugeben und glasig anschwitzen. Die Polenta mit der Gemüsebrühe ablöschen, alles aufkochen und immer wieder gut verrühren. Mit Steinsalz noch ein wenig abschmecken. Den Topf vom Herd nehmen und mit Deckel für etwa 60 Minuten in den Ofen geben. Beim Herausnehmen aus dem Ofen bitte sehr gut aufpassen, denn der Topf ist sehr heiß. Die Polenta nun auf einem mit Backpapier belegtem Backblech zu einem 1 cm dickes Rechteck verstreichen und abkühlen lassen. Nach ein paar Stunden oder am nächsten Tag können dann Polenta-Quadrate geschnitten werden. Alternativ können Sie Kreise in der Größe eines Brötchens ausstechen.

2. Die Austernpilze in einer Pfanne mit etwas Pflanzenöl anbraten. Hierzu gibt es meinen Pilz-Brat-Tipp: Die Pilze in die Pfanne legen, aber noch nicht salzen. Dann mit einem Topf, der etwas kleiner ist als die Pfanne, beschweren, sodass der Topf die Pilze mit der Bratfläche in die Pfanne drückt. Dadurch werden die Pilze gut durchgebraten, bleiben aber saftig und sind leichter zu verdauen. Etwa 3–4 Minuten bei hoher Temperatur braten. Dann den Topf herunternehmen und die Pilze umdrehen. Nun können Sie Salz dazugeben und die Pilze weitere 4–5 Minuten braten. Beiseite stellen.

3. Für den Aufstrich die vorgekochten Kartoffeln schälen und in einem Topf mit einem Kartoffelstampfer zerstampfen, die Hafermilch dazugeben und alles langsam erhitzen. Gut verrühren und schließlich das Rote-Bete-Pulver dazugeben. Das verleiht dem Kartoffelstampf eine wunderschöne pinke Farbe.

4. Für den Dip Koriander oder Petersilie waschen und trocken schütteln. Knoblauch schälen. Alle Zutaten für den Dip im Mixer pürieren. Die Polentascheiben kurz in der Pfanne, in der die Pilze gebraten wurden, von beiden Seiten anbraten. Den Dip auf dem Teller verteilen und die erste Polentahälfte darauf drapieren. Nun ein paar Esslöffel Kartoffelstampf darauf anhäufen und eine weitere Scheibe Polenta darauflegen. Den Burger mit Pilzen servieren und Pfeffer frisch darüber mahlen.

Kohlrabi gefüllt mit Brokkoli-Kürbis-Soße mit Roter Quinoa

Dieses Gericht sieht nicht nur toll aus, es schmeckt auch unglaublich gut und ist gesund! Kohlrabi und Brokkoli werden nur gedämpft, deshalb bleiben die wertvollen Inhaltsstoffe erhalten. Die im Brokkoli enthaltenen Stoffe wie Vitamin C, Schwefel und Aminosäuren machen ihn zu einem sehr guten Entgifter. Zudem ist er ein Fänger freier Radikale und hilft, Giftstoffe wie Harnsäure aus dem Körper zu entfernen. Dadurch wird das Blut gereinigt und giftstoffbezogenen Problemen wie Hautausschläge, Gicht, Arthritis, Rheuma, Nierensteine und Neurodermitis vorgebeugt.

ZUTATEN

für 2 Portionen:

250 g rote Quinoa
1 Brühwürfel (nach Belieben, z. B. Sonnentor)
2 Kohlrabi
ca. 10 Brokkoliröschen
1 TL getrockneter Liebstöckel
½ Hokkaidokürbis
1 Knoblauchzehe
1–2 klein geschnittene, rohe Kartoffeln
1 Zwiebel
Steinsalz
Sonnenblumenkerne
Pfeffer

1. Die Quinoa mit der dreifachen Menge Wasser (750 ml) aufsetzen, nach Belieben ½ Brühwürfel dazugeben. Einmal aufkochen, dann 20 Minuten bei mittlerer Temperatur köcheln lassen, bis das Wasser vollständig aufgesogen ist. Dann gerne ein paar Minuten nachziehen lassen. Die Kohlrabis waschen, schälen und aushöhlen, am besten mit einem Melonenausstecher oder einem kleinen Löffel. Anschließend die Brokkoliröschen samt den beiden ausgehöhlten Kohlrabis mit etwas Liebstöckel bestreuen und 3–4 Minuten dämpfen.

2. Den Hokkaidokürbis waschen, Kerne entfernen und das Fruchtfleisch (mit Schale) in Würfel schneiden. Knoblauch schälen. Kartoffeln waschen, schälen und in Stücke schneiden. Zwiebel schälen, in Würfel schneiden und gemeinsam mit Kürbis, Knoblauchzehe, den Kohlrabistücken und den Kartoffeln in einen Topf geben und mit Wasser so weit auffüllen, dass alles bedeckt ist. Salzen (wenn gewünscht noch mit ½ Brühwürfel verfeinern), etwa 10 Minuten kochen lassen und anschließend alles mit einem Pürierstab oder im Mixer cremig mixen.

3. Den ausgehöhlten Kohlrabi auf einen Teller setzen und das Kürbissugo ebenfalls auf den Teller geben, nach Belieben auch etwas Sugo in den Kohlrabi füllen. Diesen anschließend mit den Brokkoliröschen befüllen. Die Quinoa als Beilage anrichten und alles mit ein paar Sonnenblumenkernen bestreuen und mit Pfeffer übermahlen.

Romanesco auf Spinat mit Pilzen, Sesam und Kartoffeln

Basischer Superstar: Romanesco ist eine besondere Art des Blumenkohls, unterstützt die Nierentätigkeit und kann in der basischen Küche vielseitig verwendet werden. Er enthält wertvolle Ballaststoffe, die die Verdauung positiv beeinflussen.

ZUTATEN

für 4 Portionen:

1 Romanesco
250 g Spinat
5 Champignons
1 mittelgroße Zwiebel
1–2 Knoblauchzehen
1 EL Mandelmus
1 vorgekochte Kartoffel
2 EL Pflanzenöl
½ TL Kurkumapulver
Steinsalz
Pfeffer
Saft von ½ Zitrone
2 EL Sesamsamen

1. Die äußeren, grünen Blätter des Kohls entfernen und beiseite legen und zum Beispiel für einen Smoothie verwenden oder als Salat ganz fein schneiden. Die Kohlröschen abschneiden und waschen. Die dickeren Stiele vom Spinat entfernen, gründlich waschen und abtropfen lassen. Die Pilze mit einem Küchentuch abreiben und die unteren Enden der Stiele dünn abschneiden. Pilze in Scheiben oder Würfel schneiden. Zwiebel und Knoblauch schälen und ebenfalls fein schneiden.

2. Das Mandelmus in etwas heißem Wasser auflösen, sodass eine leicht cremige Konsistenz entsteht. Die Kartoffel in etwa 4 Scheiben schneiden. Wasser in einem Topf mit Dämpfeinlage zum Kochen bringen (alternativ ein Sieb in einen Topf hängen, das Sieb sollte dabei das Wasser nicht berühren) und die Romanescoröschen darin mit geschlossenem Deckel für etwa 6–8 Minuten dämpfen.

3. Etwas Öl in einem Topf erhitzen, Zwiebeln und Knoblauch darin anschwitzen, die Hitze reduzieren, den Spinat dazugeben, kurz zusammenfallen lassen und mit Kurkuma, Salz und Pfeffer würzen. Den Zitronensaft dazugeben und das lauwarme, cremige Mandelmus unterheben. Die gesamte Spinatmasse im Topf mit einem Pürierstab mixen.

4. Etwas Öl in einer Pfanne erhitzen und die Pilze und Kartoffelscheiben darin leicht anbraten, danach salzen. Zum Anrichten das Spinatsugo auf einem Teller als Spiegel aufstreichen, die Kartoffelscheiben an den Tellerrand legen, die Romanescoröschen in der Mitte drapieren und die Pilze wild darüber verteilen. Anschließend mit Sesam garnieren.

Neues schmecken

Das ist das Tolle an unserer Basenfasten-Kur: Wir können nicht nur gesund und köstlich essen, sondern eben auch Neues entdecken. Das ist sozusagen Augenfasten, d.h., mal etwas Neues sehen, oder Gaumenfasten, also mal etwas Neues schmecken!

Gefüllte Zwiebel mit Spinat-Süßkartoffel-Spaghetti und Champignons

Zwiebeln tun gut: Wer einmal etwas Neues auf dem Teller haben möchte, der ist hier richtig! Nicht nur neu, sondern auch noch gesund. Die Zwiebel ist eine meiner Lieblingsknollen, egal, ob groß ob klein, ob gelb, weiß oder rot. Sie ist reich an Mineral- und Vitalstoffen, Vitamin C, B6 und B7, Selen, Schwefel und Kalium.

ZUTATEN

für 1 Portion:

1 Süßkartoffel
1 große Küchenzwiebel
4 EL Spinat (TK, aufgetaut)
Steinsalz
getrocknetes, zerkleinertes Ysop (Eisenkraut, aus dem Bio-Supermarkt)
4–5 Austernpilze
schwarzer Pfeffer aus der Mühle

FÜR DAS SUGO:

ca. ¼ Brokkoli
1 Prise Natron
1 vorgekochte mittelgroße Kartoffel
Steinsalz

1. Süßkartoffel waschen, schälen und mit einem Spiralschneider in Streifen schneiden. Zwiebel schälen und in der Mitte etwas aushöhlen. Das Innere der Zwiebel klein schneiden.
2. Für das Sugo wenig Wasser zum Kochen bringen und den Brokkoli mit etwas Natron für etwa 3–4 Minuten kochen.
3. In einem anderen Topf Wasser 2 cm hoch einfüllen und zum Kochen bringen. Die Dämpfeinlage (oder ein Sieb) einlegen, die ausgehöhlte Zwiebel mit den Süßkartoffelspaghetti hineinlegen und den Deckel auflegen. Beides etwa 6–7 Minuten dämpfen lassen.
4. In der Zwischenzeit den Brokkoli samt dem Kochwasser mit der vorgekochten kalten Kartoffel in den Mixer geben, leicht salzen und mixen. Schon ist das Sugo fertig.
5. In einer Pfanne etwas Pflanzenöl erhitzen, die kleine geschnittene Zwiebel darin leicht anbraten, den Spinat kurz mit dazugeben und mit Salz und Ysop abschmecken. Aus der Pfanne nehmen und beiseite stellen. Anschließend in derselben Pfanne die Austernpilze anbraten. Bei den Pilzen erst zum Schluss Salz dazu geben, da sie sonst zu viel Wasser abgeben und nicht knusprig werden.
6. Das Brokkolisugo auf einen Teller aufstreichen. Die Süßkartoffelspaghetti mit einer Gabel aufwickeln und auf dem Sugo drapieren. Die ausgehöhlte Zwiebel mit der Spinatmasse füllen und auf das Sugo stellen. Die Pilze nach Belieben daneben anrichten. Mit Pfeffer übermahlen.

Basenbrot

Oft wird es als schwierig empfunden, während einer Fastenkur auf Brot zu verzichten. Deshalb gibt es hier ein Rezept für ein basisches und glutenfreies Brot. Die Ballaststoffe in diesem Brot sind zudem auch noch besonders gut, um den Darm zu reinigen. Sie sehen also: Gesund kann auch sehr lecker sein.

ZUTATEN:

3 EL Kokosöl oder Fett
150 g Buchweizenmehl
135 g Sonnenblumenkerne
150 g geschroteter Leinsamen
1 TL gemahlener Anis oder Kümmel
65 g gemahlene Haselnüsse
2 EL Chiasamen
4 EL Flohsamenschalen
½ TL gemahlener Ysop (Eisenkraut, aus dem Bio-Supermarkt)
1 ½ TL Steinsalz
1 EL Ahornsirup

ZUM BESTREUEN:
1 TL Sonnenblumenkerne (nach Belieben)
1 TL Kürbiskerne (nach Belieben)
kleine Kastenform (Länge 22 cm) und etwas Backpapier

1. Den Teig am besten abends ansetzen, da er 6–8 Stunden ziehen sollte. Als Erstes das Kokosöl schmelzen und abkühlen lassen, aber so, dass es flüssig bleibt. Alle trockenen Zutaten mit den Gewürzen vermengen. Den Ahornsirup in 400 ml Wasser auflösen und langsam zu den Trockenzutaten in die Schüssel geben. Alles gleichmäßig verkneten. Das abgekühlte Kokosöl dazugeben und wieder durchkneten. Die Backform mit Backpapier auslegen, den Teig einfüllen und bis an die Ränder drücken. Dann mit einem Geschirrtuch abdecken und über Nacht stehen lassen.

2. Am nächsten Tag den Ofen auf 180 °C Umluft vorheizen, den Brotteig mit Wasser besprühen und dann nach Belieben mit Sonnenblumenkernen und Kürbiskernen bestreuen. Das Brot 50–60 Minuten backen und von Zeit zu Zeit nochmals mit Wasser besprühen, damit das Brot saftig und knusprig wird.

Basischer Hummus

Kartoffeln statt Kichererbsen: Da Hummus klassisch aus Kichererbsen gemacht wird, welche sauer verstoffwechselt werden, müssen wir während unserer Basenfastenzeit auf die klassische Version verzichten. Da ich aber ein absoluter Hummus-Fan bin, musste eine Lösung her! Auch hier werden Sie sehen, dass die vorgekochten Kartoffeln Grundlage für alles sind. Das ist so simpel und gleichzeitig so genial. Lassen Sie sich meine himmlische Hummus-Alternative schmecken!

ZUTATEN

für ca. 300–350 g:

300 g vorgekochte Kartoffeln
3–4 EL Olivenöl
2–3 EL Zitronensaft
2 TL Tahin (Sesampaste)
1 kleine Knoblauchzehe
½ TL Kreuzkümmel
1 Msp. Paprikapulver

Die vorgekochten Kartoffeln schälen und mit den restlichen Zutaten im Mixer zu einer glatten Masse pürieren. Fertig!

Chinakohl-Rouladen mit Hummus und gebratenen Pilzen

Oft wissen wir nur das mit den Lebensmitteln anzufangen, was wir schon einmal gesehen und gegessen haben, oder das, was gerade im Trend ist. Ich würde mich aber freuen, wenn Sie durch meine Rezepte viele tolle neue Inspirationen bekommen und selber in der Küche kreativ werden. So einfach sind meine Chinakohl-Rouladen zu machen:

ZUTATEN
für 1 Portion:

2–3 große Chinakohlblätter
etwas basischer Hummus (siehe Rezept Seite 117)
1 Karotte
4–6 Austernpilze
2–3 Stiele Petersilie

Die Kohlblätter auslegen und mit Hummus bestreichen. Karotte waschen, putzen, fein raspeln und auf den Hummus legen. Pilze braten und darauflegen (siehe Brat-Tipp auf Seite 106). Petersilie waschen, trocken schütteln, fein hacken und darüberstreuen. Zum Schluss die Kohlblätter von der Blattspitze bis hin zum Strunk einrollen.

Seien Sie kreativ! Sie können Ihrer Fantasie freien Lauf lassen und die Rouladen frei nach Ihren Wünschen mit anderen basischen Lebensmitteln (siehe Lebensmittelliste auf Seite 39) befüllen. Auch die Tapenade auf der nächsten Doppelseite eignet sich ganz hervorragend zum Befüllen.

Tapenade

Die Tapenade ist eine aus der südfranzösischen Küche stammende Olivenpaste mit Kapern. Oliven enthalten viele Mineralstoffe und Spurenelemente wie Eisen, Natrium, Zink, Magnesium, Phosphor, Kalzium sowie die Vitamine B, C und E, Folsäure und Beta-Carotin. In Kapern finden wir ähnliche gute Inhaltsstoffe, und auch hier macht es wieder die Kombination. Die Tapenade kann man ganz wunderbar mit unserem basischen Brot kombinieren.

ZUTATEN

für ca. 450 g:

- 2 Stiele Thymian
- 2 frische Knoblauchzehen
- 200 g entsteinte schwarze, nicht gefärbte Oliven
- 100 g in Salzlake eingelegte Kapern
- 1 Schuss Kapernwasser
- 150 g Mandeln
- Saft von ½ Zitrone
- 90 ml Olivenöl
- schwarzer Pfeffer aus der Mühle

Thymian kurz abwaschen, trocken schütteln und die kleinen Blätter vom Stiel entfernen. Knoblauchzehen schälen und grob schneiden. Die Hälfte des Thymians mit den Oliven, Kapern, Kapernwasser, Mandeln, Zitronensaft, Olivenöl und Pfeffer in den Mixer geben und mixen oder in ein hohes Gefäß geben und dann mit einem Pürierstab pürieren. Zum Anrichten mit den restlichen Thymianblättern garnieren.

Bärlauchpesto

Kalzium, Magnesium, Eisen und viel Vitamin C – das alles finden Sie im Bärlauch. Die Natur bietet die besten Zutaten, und Frühling ist Bärlauchzeit. Deshalb sollten wir dieses gesunde Kraut nutzen. Ich nenne den Bärlauch den kleinen Bruder vom Knoblauch. Im Bärlauch ist Allicin enthalten, das für seine antibakterielle und keimtötende Wirkung bekannt ist. Aber auch für unsere Blutgefäße es ist sehr gut, da es diese reinigt und dadurch Herzinfarkten und Schlaganfällen vorgebeugt werden kann. Das sind nun wirklich genug Argumente, um sofort loszulegen!

ZUTATEN
für ca. 250 g:

- 100 g Bärlauch
- 180–200 g geschälte Mandeln oder Walnüsse
- ca. 10–12 EL Olivenöl (nach Belieben auch mehr)
- max. 1 EL Zitronensaft
- ½ TL Zitronenabrieb

Bärlauch waschen und trocken schütteln. Alle Zutaten in einem Mixer pürieren und anschließend servieren.

Das Bärlauchpesto passt wunderbar zum basischen Brot (siehe Seite 114) und zu den Zucchini-Spaghetti (siehe Seite 126).

Sushi mit Quinoa

Kennen Sie die dunkelgrünen, würzig schmeckenden Nori-Blätter? Wenn Sie gerne Sushi mögen, dann ist Ihnen Nori sicher ein Begriff. Vielleicht haben Sie sie auch schon zu Hause in Ihrem Vorratsschrank. Sie sind ein Vitamin-B12-Lieferant und besonders reich an Vitaminen und Mineralstoffen. Zudem enthalten sie jede Menge Ballaststoffe, Proteine und Antioxidantien. Man kann sie nicht nur mit Reis essen, sondern auch mit Buchweizen oder Amaranth befüllen oder wie in unseren Fall mit Quinoa.

ZUTATEN

für 4 Rollen:

- 250 g Quinoa
- 750 ml Gemüsebrühe
- Steinsalz
- 1 TL Kreuzkümmel
- schwarzer Pfeffer aus der Mühle
- 4 Nori-Blätter
- 2 Gartengurken
- 1 gelbe oder rote Paprikaschote
- 4 Karotten
- Rote-Bete-Saft oder Karottensaft (nach Belieben)
- Wasabi-Pulver (nach Belieben)
- Bambusmatte zum Rollen der Sushi-Rollen

1. Die Quinoa in einem Sieb abspülen, mit der dreifachen Menge Flüssigkeit (in diesem Fall 750 ml Gemüsebrühe) zum Kochen bringen und anschließend bei niedriger Hitze etwa 20 Minuten köcheln lassen. Vom Herd nehmen und 5 Minuten abgedeckt ziehen lassen, bis die Brühe vollständig aufgesogen ist. Mit Salz, Kreuzkümmel und etwas Pfeffer abschmecken. Wichtig ist in diesem Fall, dass die Quinoa etwas klebrig und pappig ist. Abkühlen lassen.

2. Die Gurken und Paprika waschen, Kerne der Paprika entfernen und in lange rechteckige Streifen schneiden. Die Karotten waschen, schälen und ebenfalls in lange Stücke schneiden. Die abgekühlte Quinoa auf der rauen Seite der Nori-Blätter bis zur Mitte des einzelnen Blattes hin auftragen. Die Gemüsestreifen nach Belieben auf die Quinoa auflegen und das Blatt mithilfe der Bambusrolle einrollen. Die Blattränder mit Wasser bestreichen, damit der Blattrand besser an der Rolle klebt und die Sushis nicht wieder aufrollen. Die Rollen nun in kleine Stücke schneiden.

3. Als Alternative zur Sojasoße nehmen wir Rote-Bete-Saft und verrühren diesen mit etwas Wasabipulver. Die Sushi-Rollen können in die Soße getaucht und dann gegessen werden.

Zucchini-Spaghetti mit Primavera-Salat und Bärlauchpesto

Die Zucchini ist sozusagen die kleine Schwester vom Kürbis. Beide stammen aus derselben Familie. Zucchini-Spaghetti kann man roh essen oder kurz dämpfen. Der Gehalt an Eisen, Magnesium und Kalzium macht dieses Gemüse zu einem Top-Lieferanten für Mineralien. Aber auch die Vitamine B, A und C kommen nicht zu kurz. Woran die Zucchini allerdings mächtig spart, sind Kalorien, mit etwa 19 kcal/100 g sind diese kaum der Rede wert.

ZUTATEN
für 4 Portionen:

2–3 grüne oder gelbe Zucchini
2 kleine vorgekochte Kartoffeln
4 Löffel Bärlauchpesto (siehe Rezept Seite 122)
1 Msp. Currypulver
5–6 Cocktailtomaten
2 Stangen Frühlingszwiebeln
1 Radicchio
1 Chicorée
1 Schalotte
4–5 EL unpasteurisierter Apfelessig
4–5 EL Olivenöl
Steinsalz
schwarzer Pfeffer aus der Mühle
Pinienkerne zum Garnieren (nach Belieben)

1. Die Zucchini waschen und am besten mit einem Spiralschneider in lange Streifen (Spaghetti) schneiden. Einen Topf mit Dämpfeinlage (oder Sieb) mit der entsprechenden Menge Wasser füllen (die Dämpfeinlage oder das Sieb sollten das Wasser nicht berühren) und zum Kochen bringen. Nun die Gemüsenudeln einlegen und bei geschlossenem Deckel etwa 3–4 Minuten dämpfen.

2. Die Kartoffeln schälen. Das Bärlauchpesto mit den Kartoffeln, dem Currypulver und 100 ml heißen Wasser in den Mixer geben und zu einer cremigen Soße verarbeiten.

3. Tomaten, Frühlingszwiebeln, Radicchio und Chicorée waschen, putzen und fein schneiden. Schalotte schälen und fein schneiden. In einer Schüssel mit Apfelessig, Olivenöl, Salz und Pfeffer vermengen. Die Pinienkerne in einer Pfanne ohne Fett kurz anrösten.

4. Die Bärlauchsoße als Spiegel auf den Teller geben, die Zucchinispaghetti darauf wie ein Nest drapieren und nach Belieben mit Pinienkernen bestreuen. Mit etwas frischem Pfeffer übermahlen und den Salat dazu servieren.

Paprikafilets mit Quinoasalat

Ob grün, gelb oder rot – die Paprikaschote ist ein Lieferant von Vitamin A, B und vor allem Vitamin C. Sie enthält zudem viele Flavonoide und Carotinoide, die eine antioxidative Wirkung haben. Zudem enthält sie Kalium, Magnesium, Zink und Kalzium und gleichzeitig aber kaum Kalorien. Die Schale ist schwer verdaulich, deshalb sollte man sie entfernen. Das ist unglaublich einfach und die Paprika verliert dadurch nicht an Inhaltsstoffen, gewinnt dafür aber an Geschmack. Die Konsistenz der Paprikafilets ist wunderbar bissfest, aber zugleich weich.

ZUTATEN

für 2 Portionen:

- je 1 rote und gelbe Paprikaschote
- 250 g Quinoa
- 2 kleine Karotten
- 2 Frühlingzwiebeln
- 1 Bund Löwenzahn
- 1 vorgekochte Kartoffel
- 1 Knoblauchzehe
- ½ Bund Koriander oder Petersilie
- Saft von ½ Zitrone
- 3–4 EL Olivenöl
- Steinsalz
- schwarzer Pfeffer aus der Mühle
- 4–5 EL Apfelessig
- 1 Handvoll Sonnenblumenkerne

1. Den Ofen auf 160 °C vorheizen und den Grill einschalten. Die Paprika waschen, halbieren und die Kerne entfernen. Die Paprika auf einem mit Backpapier ausgelegtem Blech mit der Schalenseite nach oben in den Ofen schieben. Die Haut wirft nach etwa 5–10 Minuten Falten und wird braun bis dunkelbraun. Aus dem Ofen nehmen, kurz abkühlen lassen und die Haut der Paprika einfach abziehen.

2. Die Quinoa mit 750 ml Wasser aufsetzen, aufkochen lassen, den Deckel auflegen und etwa 12–15 Minuten bei niedrigerer Hitze köcheln lassen, bis das Wasser fast eingekocht ist. Vom Herd nehmen und nachziehen lassen.

3. Karotten waschen, schälen und fein reiben. Frühlingszwiebeln waschen, putzen und ebenfalls fein schneiden. Löwenzahn waschen, trocken schütteln und etwas kleiner zupfen.

4. Für die Soße die Kartoffel und Knoblauch schälen. Koriander oder Petersilie waschen, trocken schütteln und mit Knoblauch, Kartoffel, Zitronensaft, Olivenöl, Salz und Pfeffer in den Mixer geben und pürieren.

5. Die Quinoa mit etwas Essig und Öl, Karotten, Frühlingszwiebeln, Salz und Pfeffer vermengen. Zum Anrichten die Löwenzahnblätter auf den Teller legen. Den Quinoasalat in eine Tasse pressen und dann auf die Löwenzahnblätter stürzen. Die Paprikafilets in dünnere Streifen schneiden und dazugeben. Die Kräutersoße darauf verteilen und mit Sonnenblumenkernen garnieren. Fertig und einfach nur köstlich.

Cedro-Carpaccio mit französischer Süßzwiebel

Die Zeit des Fastens eignet sich perfekt, um Neues auszuprobieren, denn wir schärfen unsere Sinne neu. Hier eine Idee: die Cedro, eine Zitrusfrucht. Ich habe sie zum ersten Mal vor vielen Jahren in Sizilien kennengelernt. Dort isst man sie einfach nur mit Salz. Herrlich erfrischend, zudem aber auch noch voll mit wertvollen Inhalts- und Ballaststoffen. Im Gegensatz zu ihren kleinen Verwandten wird die Cedro gerne mal so groß wie ein Football. Sie bringt so gut wie keinen Saft. Hier geht es um das Fleisch der gesamten Frucht: Man isst die Schale, die weiße Schicht und das Fruchtfleisch. Sie reinigt Magen und Darm, wirkt antibakteriell und liefert Vitamine. Scheuen Sie sich nicht, auch die äußerste gelbe Haut kann und sollte unbedingt mitgegessen werden, schließlich enthält sie die meisten der für den vollen Geschmack verantwortlichen ätherischen Öle. Wer einen guten Markt oder Gemüsehändler in der Nähe hat, sollte sich jetzt ein frisches, schönes Exemplar der Cedro kaufen.

ZUTATEN
für 1 Portion:

- 1 Cedro
- 1 französische Süßzwiebel
- Steinsalz
- evtl. etwas schwarzer Pfeffer aus der Mühle
- etwas leichtes Öl Ihrer Wahl

Die Cedro waschen, abtrocknen und die Zwiebel schälen. Die Cedro halbieren und genauso wie die Zwiebel fein über den Hobel ziehen. Die dünnen Scheiben auf einem Teller servieren, mit Salz bestreuen und Öl darüber träufeln. Fertig zum Essen. Sie können die Cedro auch ohne Zwiebel genießen, aber die Kombination ist einfach großartig.

FERMEN-TIEREN

Lebendige Lebensmittel sind immer wichtig, nach einer Fastenkur aber ganz besonders, denn anschließend an eine Körperreinigung bietet es sich besonders an, die Darmflora wiederaufzubauen. So stärken wir unser Immunsystem und unsere Psyche.

Wenn Mikroorganismen unter Ausschluss von Luft gären, nennt man das Fermentieren. Diese Technik des milchsauren Einlegens gibt es schon sehr lange als Konservierungsmethode. Die Methode konserviert nicht nur, sie lässt auch Neues entstehen, bewahrt kostbare Inhaltsstoffe, und die eingelegten Lebensmittel schmecken. Gemüse wird ohne Hitzeeinwirkung mit Salz eingelegt, also zum Fermentieren gebracht. Wenn wir von Fermentiertem sprechen, dann meinen wir milchsauer vergorenes Gemüse wie Sauerkraut. Hierbei ist wichtig zu erwähnen, dass nicht jedes Sauerkraut auch ein lebendiges Lebensmittel ist. Wenn es bei der Verarbeitung erwärmt wurde, dann sind die Milchsäurebakterien, die bei der Fermentation entstehen, zerstört.

Wichtig ist es, immer frisches, gutes Gemüse in Bio-Qualität, Steinsalz, Himalaya-Salz (bitte nehmen Sie nie Salz mit Zusätzen wie Rieselhilfen oder Jod) und qualitativ hochwertiges Quellwasser aus der Glasflasche oder auch gefiltertes Wasser zu verwenden. In anderen Kulturkreisen hat das Fermentieren ein hohes Ansehen. In Russland zum Beispiel achtet man wegen der widrigen Lebensbedingungen sehr auf ein gesundes Immunsystem. Milchsauer vergorene Lebensmittel sind äußerst darmgesund und stärken unser Immunsystem damit immens, daher sind milchsauer vergorene Lebensmittel ein wesentlicher Bestandteil bei den traditionellen russischen Gerichten. Im asiatischen Raum weiß man, wie wichtig die Symbiose der Darmbakterien für ein gesundes Leben ist. Auch in Amerika wird Fermentieren gerade als neuer Trend gefeiert. Und auch wir in unserer etwas bequemen Wohlstandsgesellschaft verstehen immer mehr den Zusammenhang von Probiotika, einem gesunden Darm und den Auswirkungen auf unsere Psyche. Ist der Darm gesund, ist es auch der Mensch! Also reinigen und ausleiten durch Fasten und dann die Darmflora stabil aufbauen – so ist es richtig.

Es gibt verschiedene Möglichkeiten zu fermentieren:
Technik 1: Eigensaft- oder auch Trockensalz-Fermentation (so wird auch das Sauerkraut hergestellt; siehe Seite 138)
Technik 2: Salzlake, also zugesetztes Salzwasser (so werden Pilze oder Gurken eingelegt, siehe Seite 140 und 138)
Technik 3: die Kombination aus beiden Techniken (so werden zum Beispiel Zitronen fermentiert, siehe Seite 140)

WAS BENÖTIGEN SIE FÜR DIE FERMENTATION?

Salz: Wenn ich von Salz spreche, dann meine ich immer ein Steinsalz ohne Rieselhilfe und Jodzusatz. Das weiße Kochsalz, das wir im Supermarkt günstig kaufen können, ist raffiniertes, gereinigtes Salz, das mit Aufhellern behandelt wurde und mit Rieselhilfen versehen ist. Natürlicherweise sind im Salz, also im Natriumchlorid, geringe Mengen anderer Salze beigemischt, zum Beispiel Kalzium, Kalium, Magnesium und Mangan. So zieht der im Salz enthaltene Wirkstoff Magnesiumchlorid Wasser an und bewirkt damit, dass das Kochsalz verklumpt. Um rieselfähig zu bleiben, werden dem Kochsalz wasserbindende Stoffe zugesetzt. Unbearbeitetes Salz zieht Feuchtigkeit, deshalb gibt es manchmal kleine Klümpchen, die aber nicht schlimm, sondern eher ein Qualitätsmerkmal sind. Das Salz ist sehr wichtig, denn es zieht die Flüssigkeit aus dem Gemüse heraus, sodass sich eine Lake im Gefäß bildet.

Wasser: Für einige Gemüsesorten und bestimmte Fermentationsmethoden brauchen Sie Wasser. Damit ist immer ein qualitativ hochwertiges Quellwasser aus der Glasflasche gemeint. Es sollte zudem ein artesisches Wasser sein, also nicht industriell hochgepumpt, sondern natürlich entsprungen. Und verzichten Sie bitte auf kohlensäurehaltiges Wasser.

Gefäß: Am besten eignen sich Weckgläser, die sich gut verschließen lassen. Die Milchsäurebakterien lassen sich am besten unter Luftabschluss kultivieren, da sie anaerob (ohne Sauerstoff) leben.

Abdeckung: Damit das Gemüse nicht mit der Luft im Gefäß in Berührung kommt, kann ein Kohlblatt, eine kleine Glasschüssel, ein spezieller Beschwerungsstein oder ein Glasdeckel aufgelegt werden. An der Luft können die Milchsäurebakterien nicht überleben; Hefen und Schimmelpilze dagegen schon.

Handwerkszeug: Zum Verarbeiten und Vorbereiten des Gemüses sollten Sie ein Messer, einen Hobel und einen Stampfer zur Verfügung haben.

Äußere Bedingungen für das Fermentieren: Die Gläser sollten bei einer Temperatur zwischen 13 und 24 °C in einem hellen Umfeld, aber ohne direkte Sonnenlichteinstrahlung stehen.

Wichtig für die Zubereitung: Der richtige Ablauf ist wichtig. Hier wird die Fermentationstechnik mit Eigensaft oder auch Trockensalz Schritt für Schritt am Beispiel von Weißkohl zu Sauerkraut oder Rotkohl erklärt. Auf den Seiten 138/139 finden Sie dann ein paar wichtige und sehr wertvolle Rezepte.

DURCHFÜHRUNG

Hände waschen, aber nur mit lauwarmem Wasser und normaler Seife. Bitte keine antibakteriellen Seifen benutzen. Das verwendete Zubehör sollte auch nur mit warmem Wasser und etwas Seife gewaschen werden. Das Gemüse bitte nur mit kaltem Wasser abspülen.

Bei der Eigensaft-/Trockensalz-Technik benötigen Sie gleichmäßig gehobelten oder geschnittenen Kohl. Alles in eine große Schüssel geben, Salz dazugeben und gut untermischen. Zwischendurch immer wieder abschmecken. Das Salz sollte zu schmecken sein, aber den Geschmack nicht dominieren. Als Richtwert kann man sich an folgende Formel halten: 1,5 % Salz auf das Gesamtgewicht des Gemüses gerechnet.

Alles mit den Händen vermischen und kräftig kneten, bis immer mehr Lake austritt. Etwas stehen lassen, dadurch sammelt sich immer mehr Flüssigkeit an. Die Hände waschen und wieder alles verkneten und stampfen. In ein Gärgefäß umfüllen und mit Hand, Faust und Stampfer fest nach unten andrücken. Wenn alles fest und kompakt ist, setzt sich die Lake oben ab. Es sollte noch ein Freiraum von 5–10 cm zwischen Lake und Deckel vorhanden sein. Das Gärgut mit einem Kohlblatt oder einem Beschwerungsstein abdecken und Behältnis schließen. Stellen Sie das Glas auf einen Teller, denn es könnte noch etwas Lake austreten.

Es gibt drei Methoden, Gemüse zu Fermentieren, die ich Ihnen auf den folgenden Seiten vorstelle (siehe auch Übersicht auf Seite 134. Im Prinzip können Sie mit diesen drei Techniken fast jedes Gemüse fermentieren. Kräuter, Erbsen, Frühlingszwiebeln und Gewürze können Sie nach Lust, Laune und Geschmack dazugeben.
Viel Spaß!

Das Glas zum Fermentieren an einen geeigneten Ort stellen. Es sollte in den ersten Tagen lieber etwas wärmer stehen, idealerweise zwischen 13 und 24 °C. Anschließend an einen kühleren Ort stellen, aber im Blick behalten. Bei unter 8 °C oder im Kühlschrank stoppt die Gärung. Bei der richtigen Zubereitung sollten sich nach ein paar Tagen ein paar kleine Bläschen im Glas bilden.

WANN IST ES FERTIG?

Kleinere Mengen sind schneller fertig. Je höher die Temperatur ist, desto schneller läuft die Fermentation ab, aber generell gilt ein Zeitraum von 3–5 Wochen.

Woran erkenne ich, dass das Gemüse gelungen ist?

- Der Geruch ist sauer, die Konsistenz ist knackig und nicht schleimig.
- Der Geschmack ist frisch, angenehm säuerlich und leicht fruchtig.

Probiotisches Sauerkraut

Hier erkläre ich nochmal in zwei weiteren Varianten, wie Sauerkraut fermentiert wird.

ZUTATEN
für 1 Glas (ca. 750 ml):

1 mittelgroßer Bio-Weißkohl oder Bio-Rotkohl
2 EL feines Steinsalz oder Himalayasalz
1 Lorbeerblatt
1 TL Wacholderbeeren
1 Apfel

1 Küchenhobel oder Küchenmaschine
Einweckgläser, Bügelgläser oder Einmachgläser mit Dichtungsgummi (mit insgesamt 750 ml Fassungsvermögen)

TECHNIK 1

1. Den Kohl in handliche Stücke schneiden und dann entweder über den Küchenhobel ziehen oder mit dem Messer sehr fein schneiden. Dabei den Strunk aussparen. Nun alles in einen Topf geben und das Salz hinzufügen. Das Salz sehr gut untermischen und dann so lange kneten, bis Wasser austritt.
2. Den Apfel in kleine Stücke schneiden und ebenfalls untermischen. Anschließend die Gewürze unten in das Einmachglas geben und danach das Kraut mit den Äpfeln darüber füllen.
3. Wenn das Glas voll ist, weiter so lange Kraut hinzu »stopfen«, sodass das Glas überfüllt wird, bis beim Schließen des Glases Flüssigkeit austritt. Gerne können Sie auch ein gefaltetes Kohlkraut auflegen und beschweren. Dies ist wichtig, um sicherzugehen, dass alles luftdicht verschlossen ist.
4. Das Glas bitte auf einen Teller stellen, denn es wird nach und nach noch etwas Flüssigkeit austreten. Das Glas bei 13–24 °C stehen lassen und dann 3–5 Wochen warten. Bei allen Vorgängen bitte sehr hygienisch arbeiten, Töpfe und Gläser gut reinigen.

TECHNIK 2

1. Der Unterschied zur ersten Technik ist, dass das Gemüse nicht gehobelt wird, sondern in größere Stücke geteilt oder sogar im ganzen Stück belassen wird. Bei dieser Technik kann das Gemüse keine eigene Lake entwickeln. Stattdessen muss diese zugegeben werden.

2. Für die Lake benutzen Sie am besten, wie Sie ja bereits wissen, qualitativ hochwertiges Quellwasser oder alternativ abgekochtes oder gefiltertes Wasser und mischen dies mit unraffiniertem Salz wie Steinsalz. Eine Basislake besteht aus 25 g Salz auf 1 l Wasser. (Für Gurken sollten Sie etwas mehr Salz, etwa 35 g, und für Kimchi sogar 50 g ins Wasser geben.) Auch hier gilt, dass das Gemüse immer komplett von Wasser bedeckt sein sollte.

3. Nun also ganz konkret: Den Kohl nach Belieben in große Stücke schneiden, den Apfel ebenfalls in Stück schneiden und beides zusammen mit Lorbeerblatt und Wacholderblatt in die Einmachgläser füllen. Das Wasser entsprechend der Angabe oben mit Salz verrühren und in die Gläser füllen, sodass der Kohl komplett bedeckt ist. Das Glas bei 13–24 °C stehen lassen und dann 3–5 Wochen warten. Das Gemüse ist fertig, wenn es blass im Glas und die Lake trüb wird.

4. Besonders interessant ist, dass Fermentiertes auch neben den lebendigen Milchsäurebakterien noch gut vom Körper aufnehmbares Vitamin B12 enthält. Milchsäurebakterien bilden dieses Vitamin. Das ist gerade für vegan oder vegetarisch lebende Menschen eine gute Quelle, um die Speicher aufzufüllen.

Fermentierte Champignons

Frische Pilze fermentieren schnell! Ich fermentiere sie nach Technik 2 (siehe Seite 134). Sie brauchen nur etwa 2 EL täglich davon über einen längeren Zeitraum zu essen, und Ihr Darm wird es Ihnen spürbar danken.

ZUTATEN
für 1 Glas (ca. 500 ml):

400–500 g frische Champignons, am besten braune
2 Schalotten
1 EL Senfkörner
1–2 EL Steinsalz
500 ml Quellwasser

Champignons mit einem Küchentuch trocken abreiben, eventuell von Erde befreien und in Viertel schneiden. Die Schalotten schälen und achteln. Beides in das Glas füllen. Die Senfkörner mit einem Messer andrücken und dazugeben. Das Salz mit dem Quellwasser zur Salzlake verrühren und über die Champignons geben. Darauf achten, dass alles mit Salzwasser bedeckt ist, und dann das Glas verschließen. An einen passenden Ort stellen und 5–6 Tage warten.

Fermentierte Zitronen

Man braucht nicht viel, um Zitronen zu fermentieren, lediglich etwas Wartezeit und sie sind eine echte Bereicherung für das Leben! Dieses Rezept funktioniert nach Technik 3.

ZUTATEN:

3 Bio-Zitronen
Steinsalz
Quellwasser

1 Lebensmittelfaden (Zwirnsfaden)
1 Einmachglas

Die Zitronen gut abwaschen, samt Schale vierteln, mit reichlich Salz bestreuen und dann mittels Lebensmittelfaden wieder zu ganzen Früchten zusammenbinden. Die Früchte ins Glas legen und dabei bitte guten Druck ausüben, damit etwas Saft austritt. Dann mit Wasser aufgießen, sodass die Zitronen bedeckt sind. Eventuell mit einem Stein oder einem anderen Gefäß beschweren, sodass die Zitronen unter Wasser gedrückt werden. Das Glas verschließen und auf den Kopf stellen. Für 3–4 Wochen an einen passenden Ort stellen und arbeiten lassen. Dann genießen!

Feuriges Kimchi

Es tut dem Bauch gut und schmeckt köstlich! Für eine anständige Vitamin B_{12}- und Darmbakterien-Kur essen Sie am besten zwei bis dreimal täglich etwas davon.

ZUTATEN
für 2 Gläser (à 500 ml):

1400 g Chinakohl
ca. 1 l Quellwasser
50–60 g Steinsalz
2 große Knoblauchzehen
100–150 g rote Chilischoten (Schärfe nach Belieben)
1 TL frisch geriebener Ingwer

1. Die äußeren Blätter vom Chinakohl entfernen und den Strunk herausschneiden. Den Kohl längs halbieren, in grobe Stücke schneiden und anschließend in eine Schüssel geben. Mit dem Quellwasser aufgießen und das Salz dazugeben. Für ein paar Stunden oder besser sogar über Nacht durchziehen lassen. Dafür die Schüssel mit einem Baumwolltuch abdecken.

2. Knoblauch schälen und klein schneiden. Chilischoten waschen und samt Kernen in Ringe schneiden. Den Kohl aus der Salzlake nehmen und in ein Weckglas umfüllen. Ingwer, Chili und Knoblauch dazugeben. Nun mit dem Stampfer alles gut durchquetschen, bis eine gute Menge Saft austritt und eine deutliche Schicht Lake über allem bildet. Nach Belieben mit einem Stein oder Glasdeckel bedecken. Das Glas verschließen und 2–3 Tage bei Zimmertemperatur ziehen lassen. Dabei sollten Sie darauf achten, einen großen Teller darunter zu stellen, um eventuell austretende Flüssigkeit aufzufangen. Nachdem Sie Ihr Kimchi angebrochen haben, sollten Sie es kühl und verschlossen im Kühlschrank lagern.

Bewegung UND ORGAN-GYMNASTIK

Fast jeder zweite Deutsche treibt heutzutage kaum noch oder gar keinen Sport mehr. Das ist fatal, denn viele sitzen außerdem die meiste Zeit bei der Arbeit, beim Autofahren, im Bus oder im Zug. Erschwerend kommt dann noch hinzu, dass wir auch unsere Freizeit lieber vor dem Fernseher oder dem Computer verbringen, anstatt raus in die Natur zu gehen, um unseren Körper ordentlich zu bewegen. Viele von uns schrecken vor intensiven Work-outs zurück, mit der Sorge, für anspruchsvolle Trainingseinheiten zu unsportlich und untrainiert zu sein. Dabei ist oftmals gar kein Hochleistungssport notwendig, um dem Körper etwas Gutes zu tun. Ich empfehle Bewegung und frische Luft für gesündere Organe. Deswegen zeige ich Ihnen leichte Übungen, die Sie locker jeden Tag durchführen können, für die Sie kein Sportstudium absolviert haben müssen und die eine Wohltat für die inneren Organe sind.

Wenn wir uns nicht genug bewegen, dann fristen auch unsere Organe ein äußerst träges Dasein. Durch häufiges Sitzen werden sie ziemlich eingeengt und eingequetscht und haben fast keine Chance, sich zu dehnen, um im wahrsten Sinne des Wortes einmal Luft zu schnappen. Um genau das zu ermöglichen, sollten wir uns regelmäßig in Schwung bringen. Beim Sporttreiben geht es eben nicht immer nur um einen gestählten Körper, sondern auch darum, Platz zu machen für unsere inneren Hochleistungshelfer, damit diese sich ausdehnen und damit effizienter arbeiten können.

Zudem schaffen wir durch Bewegung einen starken Bauchmuskel-Apparat, der den Körper aufrecht und die inneren Organe an ihrem Platz hält. Das verhindert, dass Darmschlingen verrutschen, sich einklemmen oder träge werden. Auch für die anderen Organe wie Nieren, Lunge, Leber und Herz ist Bewegung essenziell notwendig. Durch Bewegung wird der venöse Blutrückfluss zum Herzen stark unterstützt. Einem Blutrückstau in die Organe wird dadurch entgegengewirkt, und der Stoffwechsel kann in den Zellen deutlich besser vonstattengehen.

Außerdem wirkt Bewegung wie eine Massage von innen. Unsere Muskulatur und Nervenbahnen sind entspannter und uns fällt der Alltag leichter. Auch unsere Verdauung funktioniert mit regelmäßiger Bewegung deutlich besser. Durch Zug und Dehnung des gesamten Verdauungstraktes, der wie ein riesiger, langer Schlauch gebaut ist, wird zum Beispiel der Nahrungsbrei ganz natürlich vorwärts bewegt.

Für viele Menschen, die unter Verstopfungen leiden, wäre mäßiger Sport die bessere Medizin als zum Beispiel Abführmittel. Sport, oder wie ich es hier auch altmodisch nenne, Gymnastik, gehört zu einem gesunden Lebensstil unbedingt dazu. Für meine Bewegungstipps müssen Sie nicht im Fitnessstudio einchecken, diese Übungen können sie zu Hause oder unterwegs durchführen. Schon ein kleiner Spaziergang um den Block oder der Weg zum nächsten Supermarkt sind ausreichend. Mindestens 30 Minuten sollten Sie sich mäßig anstrengen – idealerweise drei- bis viermal pro Woche.

Ich zeige Ihnen hier Übungen, die mir persönlich sehr helfen. Ich bin kein Yogi oder Gymnastikexperte, lediglich eine Frau, die Organgymnastik praktiziert. Hier möchte ich Ihnen zeigen, welche Haltungen mir helfen, mich zu öffnen und Platz für meine Organe zu schaffen.

SCHULTERBRÜCKE

Mit einer Schulterbrücke öffnen Sie die Vorderseite des Körpers. Das wirkt sich positiv auf Herz und Lunge aus und gibt dem Darm die Möglichkeit, sich auszuweiten.

Legen Sie sich auf den Rücken und stellen Sie Ihre Füße angewinkelt hüftbreit auf. Legen Sie die Arme neben ihren Körper. Heben Sie ihr Becken, bis ihr Brustbein fast das Kinn berührt. Drücken Sie die Schultern und den Hinterkopf auf den Boden.

Halten Sie dabei den Rücken gerade, also weder gebeugt noch im Hohlkreuz. Ihr Kopf sollte in entspannter Position und mit der Halswirbelsäule in gerader Verlängerung zur Rückenwirbelsäule liegen. Sie sollten kein Doppelkinn machen, damit der natürliche Verlauf des Nackens bestehen bleibt und die Luft beim Atmen gut fließen kann. Nehmen Sie nun den Druck von den Händen und drehen die Handflächen nach oben. Schauen Sie gerade zur Zimmerdecke. Beginnen Sie mit langsamen tiefen Ein- und Ausatmungen.

Stellen Sie sich vor, jemand würde Sie an den Beckenknochen nach oben ziehen. Atmen Sie viermal ein und aus, setzen Sie dann kurz ab, um zu entspannen. Danach wiederholen Sie die Übung insgesamt viermal. Achten Sie darauf, dass der untere Rücken schön lang bleibt. Die Arbeit leistet hier weniger das Gesäß, sondern die Oberschenkelmuskulatur.

VIERFÜSSLERSTAND

Der Vierfüßlerstand wird oft in der Rückenschule praktiziert. Er dient der Beweglichkeit, dem Gleichgewicht und der Kräftigung Ihres Beckens und Ihres Rückens. Was wir häufig vergessen, ist die Tatsache, dass die Stabilität unserer Organe in direktem Zusammenhang mit unserem Becken, unserem Rücken und unserem Gleichgewicht steht. So sind zum Beispiel die Nieren bei einem Beckenschiefstand oder einem extremen Hohlkreuz nicht in ihrer optimalen Position.

Begeben Sie sich mit Ihren Händen und Knien auf den Boden. Positionieren Sie Ihre Hände mit durchgestreckten Armen senkrecht unter Ihren Schultern. Drücken Sie Ihre Handflächen flach auf den Boden. Ihre Knie sollten im 90-Grad-Winkel zu Ihrer gestreckten Rückenwirbelsäule senkrecht unter den Hüften am Boden knien. Der Kopf verlängert die gerade ausgerichtete Wirbelsäule. Spannen Sie den Bauch und den Beckenboden an, damit kein Hohlkreuz entsteht.

VIERFÜSSLERSTAND: KATZE/KUH

Für die erste Position ziehen Sie Ihren Bauchnabel Richtung Wirbelsäule und kippen Ihr Becken, sodass die Wirbelsäule wie bei einem Katzenbuckel in Richtung Decke gewölbt wird. Das Kinn zeigt zur Brust. In dieser Position wird ausgeatmet. Stellen Sie sich hierbei vor, Sie wären ein Luftballon, der ausgedrückt wird.

Mit dem nächsten Einatmen senken Sie Ihre Wirbelsäule Richtung Boden, indem Sie Ihren Steiß Richtung Zimmerdecke drücken. Ziehen Sie dabei die Schulterblätter leicht zusammen. Gleichzeitig heben Sie ihren Kopf, sodass der Blick nach vorne geht und das Kinn leicht erhöht ist. Der Rücken ist nun leicht im Hohlkreuz, wie der einer Kuh. In dieser Position weitet sich der Brustkorb und die Lungen können beim Einatmen ganz viel Luft tanken.

Wiederholen Sie beide Positionen je fünfmal. Atmen Sie während der gesamten Übung gleichmäßig und ruhig.

VIERFÜSSLERSTAND/DIAGONAL

Die gleiche Ausgangsposition wie beim einfachen Vierfüßlerstand einnehmen. Bauch und Beckenboden sind angespannt, der Rücken ist gerade, also nicht im Hohlkreuz.

Heben Sie den rechten Arm vom Boden ab und strecken Sie ihn in Verlängerung der Schulter gerade nach vorne. Gleichzeitig heben Sie Ihr linkes Bein an und strecken es in Verlängerung des Rumpfes gerade nach hinten. Der Kopf ist immer in Verlängerung der Wirbelsäule. Atmen Sie in dieser Haltung tief ein.

Führen Sie nun beim Ausatmen Ihren rechten Ellenbogen unter dem Bauch mit Ihrem linken Knie zusammen. Ziehen Sie den Bauchnabel in Richtung Wirbelsäule und spannen Sie die Bauchmuskeln an.

Ohne Arm und Bein abzustellen, öffnen Sie nun einatmend wieder die Haltung. Strecken Sie den rechten Arm erneut geradeaus nach vorne und das linke Bein nach hinten. Atmen Sie voller Lust und Freunde langsam und gleichmäßig ein.

Diese Bewegungsabläufe sollten zehnmal hintereinander durchgeführt werden. Anschließend wiederholen Sie diese Bewegung mit dem linken Arm und dem rechten Bein. Atmen Sie während der gesamten Übung ruhig und gleichmäßig weiter.

Sport auf nüchternen Magen kurbelt die Fettverbrennung an!

Wenn Sie Ihren Körper bereits morgens auf nüchternen Magen mit Bewegung ankurbeln, schalten sie Ihren Stoffwechsel optimal an. Der Körper aktiviert dann automatisch die Fettverbrennung und so werden Sie am Ende noch effektiver und schneller Fettpölsterchen los und bauen obendrein noch Muskulatur auf.

BEWEGUNG UND ORGANGYMNASTIK

DER HALBE DREHSITZ IN ZWEI VARIANTEN

Beim Drehsitz schlagen wir stets zwei Fliegen mit einer Klappe, denn bei dieser Übung wird eine Seite des Rumpfes samt aller dort befindlichen Organe gedehnt, während die andere Rumpfseite samt Organe komprimiert wird. Hier kommt Bewegung in unsere Organwelt, Muskeln und Nerven. Sie werden stimuliert, dadurch besser durchblutet und können somit ihren Funktionen auch besser nachkommen.

Mit gestrecktem Bein (leichte Variante)

Setzen Sie sich so auf den Boden, dass beide Beine ausgestreckt sind. Winkeln Sie Ihr linkes Bein an und stellen Sie Ihren linken Fuß rechts neben Ihrem rechten Oberschenkel ab. Das rechte Bein bleibt bei dieser Variante gestreckt. Damit Sie Ihr linkes Bein besser in dieser Position halten können, umfassen Sie es mit Ihrem rechten Arm und halten es. Den linken Arm stellen Sie direkt hinter Ihrem Rücken gestreckt auf der Höhe Ihrer linken hinteren Gesäßhälfte ab. Drehen Sie nun Ihren Oberkörper in Richtung Ihres linken Arms, ohne diesen zu bewegen. Ihr Blick geht dabei über die linke Schulter nach hinten. Bitte gehen Sie nur so weit, wie Sie sich wohlfühlen. Atmen Sie in dieser Haltung tief ein und aus und ziehen Sie das linke aufgestellte Bein mit jeder Ausatmung näher an den Körper heran. Halten Sie diese Position für mehrere tiefe Atemzüge und wiederholen Sie die Übung spiegelverkehrt mit rechtem angewinkelten Bein. Halten Sie beide Positionen für je ein bis zwei Minuten und schließen Sie dabei Ihre Augen. Atmen Sie tief und gleichmäßig, spüren Sie in Ihren Körper hinein und fühlen Sie die sanfte Massage Ihrer Organe.

Mit angewinkeltem Bein (anspruchsvollere Variante)

Setzen Sie sich so auf den Boden, dass beide Beine zunächst ausgestreckt sind. Winkeln Sie nun Ihr linkes Bein an und stellen Sie Ihren linken Fuß rechts vor Ihrem rechten Oberschenkel ab. Legen Sie Ihren rechten Fuß eng an Ihre linke Gesäßhälfte. Damit Sie Ihr linkes Bein besser in dieser Position halten können, umfassen Sie es mit Ihrem rechten Arm und halten es. Den linken Arm stellen Sie direkt hinter Ihrem Rücken gestreckt, auf Höhe Ihrer linken hinteren Gesäßhälfte, ab. Drehen Sie nun Ihren Oberkörper in Richtung Ihres linken Arms, ohne diesen zu bewegen. Ihr Blick geht dabei über die linke Schulter nach hinten. Bitte gehen Sie nur so weit, wie Sie sich wohlfühlen. Atmen Sie in dieser Haltung tief ein und aus und ziehen Sie das linke aufgestellte Bein mit jeder Ausatmung näher an den Körper heran. In dieser Haltung werden Ihre inneren Bauchorgane gedehnt, massiert, stimuliert und ausgewrungen wie ein Schwamm, sodass sich viele Giftstoffe lösen und abtransportiert werden können. Halten Sie diese Position für mehrere tiefe Atemzüge und wiederholen Sie die Übung spiegelverkehrt. Halten Sie beide Positionen für je ein bis zwei Minuten, schließen Sie dabei Ihre Augen, atmen sie tief und gleichmäßig und spüren Sie in Ihren Körper hinein. Fühlen Sie die sanfte Massage Ihrer Organe.

KOBRA

Sie liegen flach auf dem Bauch, die Handflächen stellen Sie auf Höhe Ihrer Schultern neben Ihrer Brust flach auf den Boden ab. Halten Sie den Kopf so, dass die Halswirbelsäule in Verlängerung zur Rückenwirbelsäule ist. Die Beine sind lang ausgestreckt und dicht nebeneinander, die Fußspitzen liegen flach auf dem Boden. Mit der Ausatmung ziehen Sie vorbereitend Ihren Bauchnabel Richtung Wirbelsäule und mit der nächsten Einatmung heben Sie den Kopf samt Oberkörper an, sodass sich die Brust vom Boden löst. Achten Sie darauf, dass der Kopf gerade bleibt und der Blick geradeaus nach vorn gerichtet ist. Ihr Hinterkopf zeigt zur Zimmerdecke. Legen Sie den Kopf keinesfalls in den Nacken, da dies zu belastend für die Wirbelsäule ist.

Die Bewegungsweite bei dieser Haltung ist vielleicht nur minimal, aber der Effekt ist grandios. Ihre unteren, inneren Bauchorgane werden durch diese Position sanft massiert und stimuliert. Der Darm wird angeregt, was besonders gut gegen Verstopfungen hilft. Für Frauen, die unter zyklusbedingten Beschwerden leiden, ist die Kobra eine wahre Wohltat, da auch die Geschlechtsorgane durch den leichten Druck besser entspannen können.

TRIMM DICH IN DER NATUR!

Machen Sie sich alles in der Natur zunutze, es muss nicht immer nur ein Spaziergang sein. Auf einem Baumstamm zu balancieren, ist eine prima Sache und bewegt viele Muskeln, die sonst nicht mehr oft beansprucht werden. Sie können auch einfach mal die Schuhe ausziehen und barfuß über eine Wiese laufen oder das »Wassertreten« nach Kneipp, eine Hydrotherapie bei der in kaltem Wasser auf der Stelle geschritten wird, ausprobieren – schon nach ein paar Minuten fühlen Sie sich frischer und sind besser durchblutet. Wenn Sie einen Trimm-Dich-Pfad in Ihrer Nähe haben, halten Sie sich an einer Klimmzugstation fest, als würden Sie Klimmzüge machen wollen, lassen sich jedoch einfach mal hängen. Ohne Trimm-Dich-Pfad nutzen Sie einfach ein Gerüst an einem Kinderspielplatz. Das Aushängen erleichtert die Organe und gibt Ihnen Platz, sich mal wieder auszudehnen. Schaukeln ist auch eine prima Möglichkeit, tief ein- und auszuatmen und den Körper in einen rhythmischen Fluss zu bringen.

DIE SEELE BAUMELN LASSEN

Wie ich schon zu Anfang in diesem Buch beschrieben habe, funktioniert das Fasten auf mehreren Ebenen. Um dicht am Thema Basenfasten zu bleiben: Unser Körper übersäuert nicht nur durch säurebildende Lebensmittel wie Alkohol, Gluten und Zucker, sondern auch durch Stress. Der kann ganz unterschiedlich empfunden werden, ob in der Familie, im Job, in der Beziehung oder auch durch Existenzängste und finanzielle Sorgen. Wenn unsere Gedanken nicht zur Ruhe kommen, dann ist unser Körper im Ausnahmezustand und die hormonelle Einstellung verschiebt sich. In meinen Ausbildungen zur ganzheitlichen Ernährungsberaterin und Phythotherapeutin wurde vermittelt, dass durch Langzeit-Einzelstudien wissenschaftlich nachgewiesen werden konnte, dass unsere Alltagserlebnisse nicht nur im Gehirn und damit im biochemischen Stoffwechsel, sondern auch im Immunsystem deutliche Spuren hinterlassen. Denn Körper und Seele sind eng miteinander verbunden.

Auch wir wollen beim Fasten Spuren hinterlassen, aber im positiven Sinne, nämlich durch eine Reinigung von Körper und Seele. Das ist wichtig für ein dauerhaft gesundes Leben. Bei Stress wird bekanntlich der Sympathikus-Nerv aktiviert, also der Teil des autonomen Nervensystems, der verantwortlich ist für Kampf und Flucht. Das führt neben der Erhöhung der Atem- und Herzfrequenz auch zu einer Verringerung der Verdauungsleistung zugunsten einer verstärkten Durchblutung der Muskulatur. Die Stresshormone Adrenalin und Noradrenalin werden ausgeschüttet, was zu einer vermehrten Bereitstellung von Energie aus den körpereigenen Lagern führt, die wir eigentlich brauchen, um für Konflikte und Streit genug Kraft zu haben. Das ist ein Ergebnis der Evolution, um zu überleben. Auf Dauer schädigt es unseren Organismus und hinterlässt Abnutzungen durch übermäßige Belastung fast aller Organe. Deshalb ist es so wichtig, uns und unsere Seele (was immer der Einzelne darunter versteht) von Zeit zu Zeit zu reinigen, zu entlasten und zu entstressen.

Im Volksmund gibt es für stressige oder belastende Situationen schon lange Redewendungen: »Sich den Kopf zerbrechen.« »Die Nase voll haben.« »Das lastet schwer auf meinen Schultern.« »Etwas auf der Seele haben.« »Mein Herz ist gebrochen.« Einmal einen Gang zurückschalten, in sich gehen, liebevoll mit sich und anderen umgehen und etwas Dankbarkeit, Zufriedenheit und Bescheidenheit an den Tag legen, auch darum soll es bei einer Fastenkur gehen. Das gehört zum ganzheitlichen Ansatz des Reinigungsprozesses beim Fasten. Ich nenne dies »Seelenfasten« oder »Konsumfasten« In den sozialen Medien gibt es mittlerweile Hashtags zu vielen dieser Themen wie #livethelittlethings, #thankful, #keepitsimple oder #relax. Die Menschen sind zunehmend auf der Suche nach seelischer Ruhe, Geborgenheit und Wegen, die Gedanken zur Ruhe kommen zu lassen.

Auch ganz wichtig ist die Bezeichnung des Social-Media-Fastens geworden. Bei dieser Form des Verzichts wird speziell darauf geachtet, das Handy bewusst zu festen Zeiten zur Seite zu legen bzw. auf soziale Netzwerke wie Facebook, Instagram und Co. eine Weile ganz zu verzichten. Das ständige Kontrollieren unserer Web-Performance, unserer »Likes« die Angst, etwas zu verpassen oder unwichtig zu sein, üben kontinuierlichen Stress auf uns aus, der zur Übersäuerung unseres Körpers und damit sogar zu körperlichen Beschwerden führen kann.

Mir geht es nur darum, Sie zu sensibilisieren, mit weniger Dingen auszukommen und Erlebnisse zu verarbeiten, aber auch darum, Neues zu erleben bzw. neue Erfahrungen zu machen. Im Alltag ist das durchaus möglich. Suchen Sie sich also Ihre kleinen Momente der Ruhe, freuen Sie sich über die Blume am Wegesrand, genießen Sie einen Pfefferminztee in einem kleinen Café. In der Sonne balancieren Sie über einen Baumstamm, lassen Sie einfach ihren Blick in die Ferne schweifen. Verzichten Sie auf eine stressige Shoppingtour, kombinieren Sie stattdessen die Klamotten, die Sie haben, einfach neu. Dabei können tolle Modetrends entstehen. Machen Sie einmal Pause von Facebook, Instagram und Co. Vielleicht schreiben Sie mal wieder einen Brief an eine Freundin, die Sie lange nicht gesehen haben, oder an sich selbst. Schreiben Sie sich Dinge von der Seele, die Sie bewegen.

Es geht darum, sich etwas mehr Zeit für sich selber zu nehmen. Das kann zum Beispiel sogar bei einem längeren Spaziergang passieren, denn auch tiefes und gleichmäßiges Atmen kann den Körper zur Ruhe bringen. Denken Sie daran: Es sind die einfachen Dinge, die uns glücklich machen. Sie kennen ja meine Devise: Keep it simple!

Also: Koffer packen, Urlaubstickets für die Organe buchen, sich auf Neues freuen und eine völlig neue Erfahrung zelebrieren!

ZUTATENREGISTER

Andrea Sokol
DETOX
so easy
Ganzheitlich entgiften
und genießen
Von der
erfolgreichen
Youtuberin
OH LALA & SO LALA
riva